Friedrich Delitzsch

Die Sprache der Kossäer

linguistisch-historische Funde und Fragen

Friedrich Delitzsch

Die Sprache der Kossäer
linguistisch-historische Funde und Fragen

ISBN/EAN: 9783744600330

Hergestellt in Europa, USA, Kanada, Australien, Japan

Cover: Foto ©ninafisch / pixelio.de

Weitere Bücher finden Sie auf **www.hansebooks.com**

DIE SPRACHE

DER

KOSSÄER.

LINGUISTISCH-HISTORISCHE

FUNDE UND FRAGEN

VON

DR. FRIEDRICH DELITZSCH,

PROFESSOR DER ASSYRIOLOGIE AN DER UNIVERSITÄT LEIPZIG.

LEIPZIG

J. C. HINRICHS'SCHE BUCHHANDLUNG

1884.

HERRN

GEHEIMRATH PROF. DR. FLEISCHER

EIN TRIBUT

DANKBARER VEREHRUNG.

Plus ultra!

Immer weiter dehnt sich, dank Hormuzd Rassams und Mr. de Sarzec's bewunderungswürdigen Ausgrabungsarbeiten, das Gebiet der Keilschriftforschung und immer weiter dringt hierdurch zugleich die Erkenntniss des vorderasiatischen Alterthums, der ältesten Geschichte der Menschheit. Zeitlich öffnen sich Perspectiven, die vor einem Jahr nicht geahnt wurden, und räumlich fallen die Strahlen des Lichtes, das über den Trümmerhügeln Babyloniens und Assyriens aufgegangen ist, auf nähere und fernere Nachbargebiete, das Dunkel entlegenster Gebirgsthäler erhellend. Das kleine unscheinbare Thontäfelchen, zu dessen Interpreten die vorliegende Schrift sich gemacht, mag von neuem verrathen, welche Fülle neuer Gesichtspunkte schon der kleinsten der dem Britischen Museum neu gewonnenen Keilschrifttafeln zu entnehmen ist.

Immer weiter hat sich die Erkenntniss Bahn gebrochen von der Bedeutung der Assyriologie an sich selbst und für die Wissenschaft im Allgemeinen, immer weiter wird der Kreis derer, welche der jungen Wissenschaft ihren Fleiss und ihren Eifer zuwenden. Ueber ein unabsehbar weites Reich waltet die arabische Philologie — Arabisch, Persisch, Türkisch ist ihr unterthan, ein mächtiges Gebiet, autokratisch beherrscht von dem Einen, dessen Schüler zu sein ich mich rühme und dessen Namen diese Schrift mit Stolz an ihrer Spitze trägt. Aber ein weites Gebiet hat auch die Assyriologie zu verwalten: mehr denn drei Jahrtausende der Menschheitsgeschichte, von 3800 v. Chr. bis herab auf Antiochus, umspannt sie und zu den Weltreichen Babyloniens und Assyriens treten als kleinere Domänen die alten Staatenbildungen Elams, Mediens, Armeniens und der angrenzenden Länder. Wäre es nicht an der Zeit, an den grösseren Hochschulen Deutschlands auch äusserlich einen Schritt vorwärts zu thun und der Assyriologie den ihr zukommenden Rang eines der

Aegyptologie und anderen philologisch-historischen Disciplinen ebenbürtigen selbständigen Wissenschaftszweiges zuzuerkennen, um so mehr, als die aussergewöhnliche Bedeutung der Assyriologie für die alte Geschichte und Geographie, für die Sprachwissenschaft im Allgemeinen, wie besonders für die semitische und speciell alttestamentliche, für Religions-, Kultur- und Kunstgeschichte eine dermalen unbestrittene ist?

Polemik habe ich, so viel sich auch Gelegenheit aufdrängte, grundsätzlich unterlassen: sie trübt und hemmt ja doch nur das Streben nach vorwärts. Auch wo ich auf Angriffe zu erwidern Grund gehabt, habe ich es vermieden, mich herumzuschlagen, überzeugt dass die Wahrheit sich von selbst Bahn brechen wird. So bleibe ich unter anderem auch dessen gewiss, dass meine Aufstellungen über die Lage des Paradieses dennoch in allen Hauptsachen zu Recht bestehen werden — sie werden auch durch diese Schrift in einem nicht unwichtigen Punkte gefestigt.

So gehe denn dieses Buch, gleich dem andern über »*The Hebrew Language*« die Frucht meines diesjährigen, durch die Munificenz der Leipziger Albrecht-Stiftung ermöglichten Londoner Aufenthaltes, hinaus in die wissenschaftliche Welt und mache sich dem immer weiteren Fortschritt der Wissenschaft dienstbar, von den Fachgenossen wie überhaupt Sprach- und Geschichtsforschern wohlwollend aufgenommen. Ich bekenne bei dieser Gelegenheit wehmuthsvoll, dass mit François Lenormant, dessen erschütternde Todesnachricht soeben eintrifft, nicht allein der Assyriologie einer der genialsten, begeistertsten und fruchtbarsten Arbeiter, sondern auch mir ein stets wohlgesinnter Kritiker genommen ist.

Sie aber, hochverehrter Herr Geheimrath, mögen die Widmung dieser kossäischen »Araber« gütig aufnehmen von einem Schüler, der trotzdem dass er jetzt in Babylonien zeltet, ja bis zu den fernen Kossäern seine Streifzüge ausdehnt, dennoch nimmer aufhört sich glücklich zu fühlen, vorerst durch Ihre altbewährte arabische Schule hindurchgegangen zu sein, und über allem Wandern und Vorwärtsstreben die Pflicht der Dankbarkeit gegen den Meister auf semitischem Sprachgebiet niemals vergessen wird.

Leipzig, am 11. December 1883.

Friedrich Delitzsch.

Die Sprache der Kossäer.

I.

Das Volk der Kossäer.

Die Sprache der »Kossäer« — doch nicht, so wird man fragen, die Sprache der Κοσσαῖοι, jenes wilden räuberischen Stammes in den rauhen Thälern des fernen Zagrosgebirges zwischen Medien und Babylonien, dessen die alten Schriftsteller gelegentlich kurze Erwähnung thun? Welch tieferes Interesse könnten wir an diesem Gebirgsvolk nehmen, welches in der Geschichte der Menschheit eine so gar untergeordnete Rolle gespielt hat, welches kaum ein festumgrenztes Land sein eigen nannte, geschweige dass es irgendwelche Denkmäler hinterlassen hätte, und was könnten wir nun gar wissen von der Sprache, welche jene seit Alexanders des Grossen Zeit verschollenen »Barbaren« gesprochen? Und dennoch beschäftigen sich eben mit diesem Volk der Kossäer[1] die folgenden Seiten.

1. Die Hauptstellen aus den Werken der klassischen Schriftsteller über die Kossäer sind die folgenden. Polybius bemerkt gelegentlich der Beschreibung der Grenzen Mediens (V, 44, 7): »Südwärts berührt es Mesopotamien und die Landschaft Apollonien, sowie auch Persien, wogegen es von dieser Seite durch das Zagrosgebirg gedeckt wird, das ungefähr hundert Stadien hoch ist, und in dessen, durch eine Menge abgesonderter Höhenzüge gebildeten, Thälern die Kossäer, Korbrener, Karcher, und mehrere andere sehr kriegerische Barbarenstämme hausen«. Strabo sagt ebenfalls, die Grenzen Grossmediens mit der Königsstadt Ekbatana beschreibend (XI, 13, 6): »Begrenzt wird es gegen Osten von Parthien und den Bergen der Kossäer, räuberischer Menschen, welche einst 13000 Bogenschützen stellten, als sie mit den Elymäern gegen die Susier und Babylonier kämpften. Nearchus erzählt, von den vier Räubervölkern, von welchen die Marder an die Perser stiessen, die Uxier und Elymäer an diese und an die Susier, und die Kossäer an die Meder, hätten zwar alle Tribut von den Königen erzwungen, die Kossäer hätten aber auch noch Geschenke genommen, wenn der König, nachdem er den Sommer in Ekbatana zugebracht, nach Babylonien hinabgereist sei; Alexander aber, der sie im Winter angegriffen, habe ihre grosse Keckheit gebrochen. Von diesen also wird Medien gegen Osten begrenzt und ausserdem noch von den Parätacenern, welche, ebenfalls ein räuberisches Bergvolk, an die Perser stossen«.

Auch die Keilschriftliteratur erwähnt dieses **Gebirgsvolk** der Kossäer, und zwar unter dem Namen **Kaššû**. Sanherib (705—681 v. Chr.) berichtet in den Annalen seines sechsseitigen Thonprismas (Sanh. I 63 — II 7; vgl. Sanh. Bell. 20—33) wörtlich Folgendes:

»Auf meinem zweiten Feldzug ermuthigte mich Aššur, mein Herr, und ich zog nach dem Land des Volkes Kaššû und dem Land des

---

Und weiterhin (XVI, 1, 18) heisst es: »Die Kossäer sind, wie auch die benachbarten Gebirgsvölker, Bogenschützen, die stets auf Raub ausgehen. Denn ein kleines und rauhes Land bewohnend, müssen sie von fremdem Gute leben; sie müssen aber auch mächtig sein, denn sie sind alle streitbar. Wenigstens kamen sie den gegen die Babylonier und Susier Krieg führenden Elymäern mit 13000 Mann zu Hülfe. Die Parätacener bearbeiten zwar den Boden mehr als die Kossäer, dennoch aber enthalten auch sie sich der Räubereien nicht«. Ueber Alexanders des Grossen Feldzug gegen die Kossäer berichtet Diodor (XVII, 111): »Alexander zog unterdessen mit leichtbewaffneten Truppen gegen die Kossäer, welche noch nicht zum Gehorsam gebracht waren. Sie waren ein sehr streitbares Volk und bewohnten das Gebirgsland von Medien. Auf ihre unzugänglichen Wohnsitze und ihre Tapferkeit im Kriege sich verlassend, hatten sie nie einen fremden Gebieter anerkannt und waren auch zur Zeit der persischen Herrschaft unbezwungen geblieben. So trotzten sie denn auch unerschrocken der Tapferkeit der Macedonier. Der König aber hatte bereits die Pässe besetzt, verwüstete den grössten Theil von Kossäa und behielt in allen Gefechten die Oberhand. Viele von den Fremden wurden getödtet und noch viel mehr gefangen. Ueberall wurden die Kossäer besiegt, und es war ihnen leid um die vielen Gefangenen. Sie sahen sich daher genöthigt, durch Unterwerfung die Rettung der Gefangenen zu erkaufen. Also ergaben sie sich, und es wurde ihnen Friede gewährt unter der Bedingung, dass sie den Befehlen des Königs gehorchten. Alexander hatte mit der Unterwerfung dieses Volkes im Ganzen vierzig Tage zugebracht. Er baute an den unzugänglichen Plätzen ansehnliche Städte und liess seine Truppen sich erholen«. Hiermit vergleiche Arrian (Exp. Al. VII, 15, 1): »Er (nämlich Alexander) hatte nun bereits eine lange Zeit der Trauer gewidmet . . . . ., als er einen Zug wider die Kossäer, ein kriegerisches Volk, das an die Uxier grenzt, unternahm. Diese Kossäer wohnen in den Gebirgen, und haben auf dem Lande keine festen Plätze. Wenn sich ihnen aber eine feindliche Macht nähert, so ziehen sie sich in starken Haufen auf die Spitzen der Berge, oder fliehen auch, wie ein jeder die Gelegenheit dazu ersiehet, und setzen dadurch die anrückende Macht ausser Stand sie anzugreifen. Nachher, wenn diese abgezogen, legen sie sich wieder aufs Rauben, wovon sie sich nähren. Doch verjagte sie Alexander aus ihren Wohnungen, obschon er diesen Feldzug im Winter unternahm. Allein so wenig wie der Winter konnte die nachtheilige Lage ihm und dem Ptolemaeus, der einen Theil des Heeres wider sie anführte, Hindernisse verursachen. So sehr musste sich alles, was Alexander nur angriff, unter seine kriegerische Tapferkeit beugen«. Diodor wie Arrian lassen unmittelbar auf die Besiegung der Kossäer Alexanders Zug nach Babylon folgen. — Sonst siehe noch Arrian, Ind. 40. Ptol. VI. 3, 3. Plin., H. N., VI, 31. Der Name ἔθνος Κοσσαίων findet sich bei Plutarch, Alex. 72.

Volkes Jasubigallai [1], welche sich von alters her den Königen, meinen Vätern, nicht unterworfen hatten. In den hohen Gebirgen [2], einem Gebiet der Beschwerden, ritt ich zu Pferd und liess den Wagen meiner Füsse mit Seilen tragen: zu arge Stellen erkletterte ich zu Fuss wildochsengleich. Bît-Kilamzaḫ, Ḫar-dišpi, Bît-Kubatti [3], ihre ummauerten festen Städte, schloss ich ein, eroberte ich. Die Einwohner, Pferde, Farren, Esel, Rinder und Schafe führte ich aus ihnen fort und rechnete sie als Beute. Ihre kleineren Ortschaften aber ohne Zahl zerstörte, verwüstete ich, machte ich dem Erdboden gleich [4]. Ihre Zeltwohnungen verbrannte ich mit Feuer und liess sie in Flammen aufgehen. Bît-Kilamzaḫ nahm ich zur Festung; stärker denn früher machte ich ihre Mauern und die Bewohner der von mir eroberten Länder siedelte ich daselbst an. Die Bewohner des Landes des Volkes Kaššû und des Landes des Volkes Jasubigallai, welche vor meinen Waffen geflohen waren, holte ich vom Gebirg herunter und liess sie in den Städten Ḫar-dišpi und Bît-Kubatti Wohnung nehmen: meinem Oberofficier, dem Statthalter der Stadt Arrapḫa, unterstellte ich sie. Einen Gedenkstein liess ich anfertigen, die Macht meines über sie errungenen Sieges darauf schreiben und in der Stadt aufstellen«.

Der assyrische König erzählt dann weiter, dass er umgekehrt und nach dem Land Èllipi gezogen sei, dessen zu Assyrien geschlagene Gebietstheile dem Statthalter der Stadt Ḫarḫâr unterstellt werden, und schliesst den Bericht dieses zweiten Feldzugs, welchem als dritter jener nach Palästina und gegen Hiskia von Juda folgt, mit den Worten (II 29—33): »Auf meiner Rückkehr empfing ich vom fernen Medien, deren [5] Landesnamen von den Königen, meinen Vätern, keiner gehört hat, schweren Tribut; dem Joch meiner Herrschaft unterwarf ich sie«.

---

1) *mât amêlu Kaš-ši-i u mât amêlu) Ja-su-bi-gal-la-ai* Sanh. I 64. 81.

2) *ḫuršâni zakrûti.* Der Name Ζάγρος mag auf den babylonisch-semitischen Wortstamm *zakâru* »hoch sein, emporragen« zurückgehen, sodass also dieser Gebirgsname semitischen Gepräges ist.

3) Oder Bît-Kumètti; beide Lesungen sind möglich.

4) *utîr karmêš.* Das assyr. *karmu* bed. in erster Linie »Acker, Ackerland«, erst in zweiter Linie »Weingarten«. Der ihm zu Grunde liegende Stamm *karâmu* ist als Synonym von *saḫâpu* (סחפ) bezeugt.

5) *mât Madai* »Medien«, hier wie mit Pluralbedeutung »die Meder« construirt.

Dass von diesen beiden Volksstämmen Kaššû und Jasubigallai der erstere mit den Κοσσαῖοι der klassischen Schriftsteller Eins ist, ist ohne Weiteres klar: das von ihm bewohnte Gebirgsland liegt ja, wie die Erwähnung des bekannten elamitischen Grenzlandes Èllipi[1] sowie Mediens zeigt, genau da wo nach den Berichten der Klassiker die Kossäer wohnten, nämlich im Zagrosgebirg an den Grenzen Mediens und Elams[2]. Dazu ist der Stamm Kaššû der Annalen Sanheribs ganz das kriegerische, freiheitsliebende Gebirgsvolk, als welches die Kossäer bei den griechisch-römischen Geschichtsschreibern und Geographen erscheinen.

Ungleich höheres Interesse gewinnt aber dieses Volk Kaššû dadurch, dass wir ihm auch in Babylonien begegnen und es hier sogar eine mächtige politische Stellung zeitweilig einnehmen sehen.

Von ältester Zeit her war die weite babylonische Ebene Sammelplatz der verschiedenartigsten Völker. Bewässert von zwei der herrlichsten Ströme der Welt und schon an sich ausserordentlich fruchtbar, durch menschlichen Fleiss aber zu beispielloser Fruchtbarkeit entfaltet, war Babylonien, Ein Garten und Palmenhain bis hinab an das Gestade des Meeres, je und je von den Völkern ringsum umstritten und begehrt. Soweit wir die Geschichte Babyloniens zurück zu verfolgen vermögen[3], finden wir bereits zwei verschiedene Volksstämme, das nichtsemitische, sog. sumerische oder akkadische, Volk und das semitisch-babylonische Volk, auf gemeinsamem Boden neben einander und zwar in durchaus friedlichem Verkehr[4]. Beide Völker blieben auch die eigentlichen Herren des Landes; die Semiten er-

---

1) Für das Land Èllipi siehe Schrader, Keilinschriften und Geschichtsforschung, S. 175 ff.

2) Für Arrapha = Ἀῤῥαπαχῖτις des Ptol. VI. 1, 2, dem Namen des bergigen Quell- und Durchbruchgebietes des oberen Zâb, siehe meine Schrift: Wo lag das Paradies? S. 124 f. Man könnte schon aus dieser Verbindung des Kossäerlandes mit Arrapha schliessen, dass sich ersteres in babylonisch-assyrischer Zeit noch etwas weiter nordwestwärts erstreckte; bewiesen findet sich dies S. 32 Anm. 1.

3) Bis in das vierte vorchristliche Jahrtausend hat sich neuerdings die Perspective erweitert; siehe S. 14 Anm. 2.

4) Auch Berossos nach Alexander Polyhistor, siehe George Smith's Chaldäische Genesis, Leipzig 1876, S. 39 f. spricht davon, dass sich von Anfang an »in Babylon eine grosse Menge stammverschiedener Menschen, welche Chaldäa bevölkerten, zusammengefunden« habe.

rangen sich nach und nach völlig die äussere Macht, die Nichtsemiten erhielten sich, obwohl auch an Zahl mehr und mehr abnehmend, als einflussreicher Factor der babylonischen Civilisation. Aber die babylonische Ebene lag nach allen Seiten hin offen und ihre fleissige, kriegerischer Beschäftigung wenig zugethane Bevölkerung brachte es niemals zu der festgeeinten militärischen Organisation, welche die Stärke des assyrischen Brudervolkes ausmachte. Darum begegnen wir auf babylonischem Boden auch noch mancherlei anderen Völkern und Stämmen, sei es nun dass sie in das Land erobernd einfielen, sei es dass sie nomadisirend das natürlicher Grenzen ermangelnde Land durchstreiften oder auch als sesshafte Einwohner Aufnahme in die babylonischen Städte fanden. Um 2300 v. Chr. überfielen die Elamiten das Land und begründeten eine langjährige Fremdherrschaft, und wie in jüngerer Zeit die Assyrer Babylonien fortwährend mit verheerendem Krieg überzogen, wie »König von Šumêr und Akkad« zu sein der assyrischen Könige höchster Ehrgeiz war, ist bekannt genug, um hier näher ausgeführt zu werden. An den Ufern des Euphrat und Tigris, vor allem in deren unterem Lauf nach Elam hin zelteten zur Zeit Tiglathpilesers II, Sargons, Sanheribs allerlei Aramäerstämme mit zahllosen Heerden[1] und dehnten ihre Wanderungen wohl oft genug auch in das eigentliche Babylonien aus[2]. Aramäer (*amêlu A-ra-mu*) und Araber (*amêlu Úr-bi*) bewohnten neben den Chaldäern zu Sanheribs Zeit Erech, Nippur, Kutha, Sippar und andere Städte mehr[3], und noch jenseits des Tigris begegnen wir zur Zeit Ašûrbânipals Arabern, welche den innerhalb des sumpfigen Mündungsgebietes des Uknû wohnhaften Stamm Gambul befehdeten[4]. Zu allen diesen Feinden ringsum kamen nun aber noch die Räubervölker in den medischen und armenischen Grenzgebirgen und den an deren Fuss sich zum Tigris hin erstreckenden Steppen, die Völker Ḳutû, Sutû und — Kaššû.

1) Für diese aramäischen Nomadenstämme, welchen allein Sanherib 208000 Gefangene, dazu 7200 Pferde und Farren, 11072 Esel, 5233 Kamele, 200100 Rinder und 800600 Schafe abnahm, siehe das Nähere Paradies S. 237 ff.

2) Vgl. Botta 88, wo Sargon von dem Aramäerstamm Ḫamarân erzählt, dass er in Sippar eingedrungen sei und die Bewohner von Babylon geplündert habe.

3) Sanh. I 37 f.

4) V R 3, 65.

So erzählt von den Sutäern die im Sonnentempel von Sepharwaim gefundene Steinurkunde Nabûbaliddins (um 880 v. Chr.), dass sie noch vor der Zeit des Königs Simmaššiḫu), vorübergehende Wirren im Lande Akkad benützend[1], die Stadt Sippar überfallen und den Sonnentempel verheert hätten, und noch Sargon weiss zu berichten, dass er den Bewohnern Sippars, Nippurs, Babylons und Borsippas die »von fernen Tagen her« von den Sutäern geraubten Ländereien zurückgegeben, die Sutäer aber mit Waffengewalt besiegt habe[2]. Wenn wir nun, gleich den Sutäern und den Ḳutäern, auch ein Volk Kaššû in Babylonien antreffen, so scheint ein Zweifel an der Stammesgemeinschaft dieser babylonischen Kossäer mit den Kossäern in den Grenzgebirgen zwischen Babylonien und Medien schon hiernach kaum berechtigt. Die gleich den Sutäern als Bogenschützen berühmten und gefürchteten, ebenso räuberischen wie kriegstüchtigen Kossäer beschränkten sich eben nicht auf ihre Berge, sondern dehnten ihre Raubzüge auch auf die südwärts gelegene reiche babylonische Ebene aus.

Das Volk Kaššû machte indess nicht nur vorübergehende Einfälle in Babylonien, sondern wir finden diese Kossäer zu einer bestimmten Zeit als faktische Eroberer und Beherrscher Babyloniens, welche dem Lande aus ihrer Mitte Könige gaben und auch, nachdem sie die Herrschaft wieder an die semitischen Babylonier verloren hatten, fortfuhren eine Machtstellung innerhalb Babyloniens zu behaupten.

Ueber diese **babylonischen Kossäerkönige** sind wir durch die Thontafel K. 4406, welche einen Abschnitt der synchronistischen Geschichte Babyloniens und Assyriens enthält, zumal wie diese Tafel jetzt vollständiger als bei ihrer ersten Veröffentlichung II R 65 vorliegt, ziemlich gut unterrichtet.

Der erste Kossäerkönig, von welchem wir wissen, ist Karaïndaš, »der mächtige König, König von Babylon, König von Šumêr und

1 *ina êšâti u dalḫâti ša mât Akkadê.* In solchem Zustand der Verwirrung und Anarchie befand sich Babylonien häufig. Auch Sargon gebraucht in der sofort zu erwähnenden Stelle Khors. 135 f. die Ausdrücke *ina êšiti mâti* und *ina diliḫ mâti*, und zu Sanheribs Zeit riss der Abenteurer Šûzub abermals *ina êšiti mâti* die Herrschaft über Šumêr und Akkad an sich (Sanh. IV 36).

2 Khors. 135 f.

Akkad, König der Kaššû, König von Karduniaš«[1]. Er schloss mit seinem Zeitgenossen, dem assyrischen König Ašûrbêlnišêšu (»Ašûr ist der Herr seiner Völker«), einen bindenden Vertrag: beide gewährleisteten sich mittelst Eidschwurs die gegenseitigen Grenzen.

m Ka-ra-in-da-aš šar mât Kar-du-[ni-aš]
ù m Ašûr-bêl-nišê-šu šar mât Aššûr rik[2]-sa-a-ti
ina bi-rit-šu-nu a-na a-ḫa-meš ú-ra-ki-su
u ma-mi-tu ina êlî mi-iṣ-ri an-na-ma[3] a-na a-ḫa-meš id-di-nu.
II R 65. d. i. K. 4406. Obv. col. I 1—4).

Das Gleiche thaten Burnaburiâš, der Sohn[4] des Karaïndaš, und der assyrische König Puzur-Ašûr »Schützling Ašûrs«).

m Pu-zur-Ašûr šar mât Aššûr u Bur-na-bur-ia-aš
šar mât Kar-du-ni-aš it-mu-ma mi-iṣ-ri
ta-ḫu-mu[5] an-na-ma ú-ki-nu[6]. (I 5—7).

Die Anbahnung noch intimerer Beziehungen führte indess schon bald zu einem jähen Bruch. Burnaburiâš[7] vermählte sich mit einer Toch-

1) *Ka-ra-in-da-áš*, der mächtige König, ... König *Ka-áš-šú-ú* d. i. der Kossäer, König *Ka-ra-du-ni-ia-áš* d. i. von Karduniâš. So nennt sich Karaïndaš in seiner ganz nach sumerischem Muster abgefassten Weihinschrift IV R 38 No. 3 (er baute der Göttin Nanâ ihren Tempel Êana).

2) Geschrieben *ṣu*; der Lautwerth *rik*, den das Zeichen hier offenbar hat (vgl. V R 1, 22), ist sonst nicht belegbar. S^a IV 9 giebt *ri-i* als einen der Lautwerthe des Zeichens *ṣu*; entspricht etwa dieses *ri-i* vollerem *rig*?

3) Adverbium auf *ma* von *annu* »Gnade«, der Bed. nach ganz wie hebr. חִנָּם gebraucht: »freiwillig, aus freien Stücken«, ohne vorhergegangenen Krieg beschworen sie sich gegenseitig ihre Grenzen.

4) Siehe unten Anm. 7.

5) Vgl. targ. חִנָּמָא.

6) Eine ganz nach sumerischer Weise abgefasste Backsteininschrift ebendieses Kossäerkönigs *Bur-na-bu-ri-ia-áš*, »des mächtigen Königs, Königs von Babylon, Königs von Šumêr und Akkad«, derzufolge er den Sonnentempel zu Larsam restaurirte, siehe I R 4 No. XIII. Vgl. ferner I R 69 col. I 55. 57.

7) Dass Burnaburiâš der Gemahl der assyrischen Prinzessin und Vater des Karaḫardaš gewesen, darf von vornherein aus dem Zusammenhang zuversichtlich geschlossen werden: denn hätte ein anderer babylonischer König sich mit dieser assyrischen Königstochter vermählt, so müsste in der synchronistischen Geschichte dieses Ereigniss erwähnt und der Name des betreffenden babylonischen Königs genannt sein. Zudem kann *ṣiḫru mâr B.* kaum etwas anderes bedeuten als »der jüngere Sohn des B.«, wodurch Karaḫardaš als der älteste Sohn des B. bezeugt ist. Und endlich wird sich meine auf die Spuren des Originaltextes gegründete Ergänzung zu Z. 14 und 17 (siehe drüben S. 8), dergemäss Karaïndaš der Grossvater des Karaḫardaš und Kurigalzu gewesen, wohl sicher bewahrheiten. Hierdurch ist

ter des assyrischen Königs Ašûruballiṭ »Ašûr hat das Leben gegeben«, höchst wahrscheinlich eines Sohnes des Puzur-Ašûr: die assyrische Prinzessin, Namens Muballiṭat-Šêrû'a »die Göttin Šêrû'a giebt das Leben«, gebar dem Kossäerkönig den Karaḫardaš. Als dieser aber seinem Vater Burnaburiâš auf dem Throne folgte, empörten sich die Kossäer, ermordeten ihn und erhoben an seiner Stelle einen gewissen Nazibugaš zum König über sich.

Ina tar-ṣi m Ašûr-û-balliṭ šar mât Aššûr m Ka-ra-ḫar-da-aš
šar mât Kar-du-ni-aš mâr f Mu-bal-li-ṭa-at-ilu Šê-ru-û-a
mârat m Ašûr-û-balliṭ ṣâbê Kaš-ši-ê
ib-bal-ki-tu-ma idûkû-šû m Na-zi-bu-ga-aš
. . . abal la ma-ma[1]-na a-na šarru-û-tē a-na êli-šu-nu iš-šu-û.
(I 8—12).

Seinen Enkel und damit zugleich dessen Grossvater väterlicher Seits, Karaïndaš, zu rächen, zog nun Ašûruballiṭ, ein Regent ausgezeichnet durch Thatkraft, dem auch sonst das assyrische Gebiet zu erweitern geglückt war, nach Babylonien, tödtete den Nazibugaš, und setzte den jüngeren Sohn des Burnaburiâš, Kurigalzu, als König ein.

[m Ašûr-û-balliṭ a-na tu-u r-ri gi-mil-li
[ša m Ka-r[2]a-in-da-aš â[bê âbê-šû][3] a-na mât Kar-du-ni-aš il-lik
[m Na-z]i-bu-ga-aš šar mât Kar-du-ni-aš i-duk
[m Ku-r]u[4]-gal-zu ṣi-iḫ-ru mâr m Bur-na-bur-ia-aš
a-na šarru-û-ti iš-kun ina kussê âbê [âbê-šu][5] û-sê-ši-ib-šu].
(I 13—17).

Ob auch dieser jüngere Kossäerprinz von jener Assyrerin abstammt, wissen wir nicht. Aber mag er auch assyrischen Blutes gewesen sein, jedenfalls verläugnete er seine verwandtschaftlichen Beziehungen zu Assyrien, denn wir finden ihn mit Ašûruballiṭ's Sohn und Nachfolger,

aber Burnaburiâš ebensowohl als Sohn des Karaïndaš wie als Vater des Karaḫardaš und Kurigalzu erwiesen.

1) Von den drei letzten Zeichen sind noch ziemlich deutliche Spuren erhalten; vor *abal* (oder *mâr*) fehlen etwa zwei Zeichen.

2) Die noch erhaltenen Spuren würden mir *ra* fraglich erscheinen lassen.

3) Zusammen mit dem theilweise erhaltenen ersten Zeichen , welches sich leicht zu  ergänzt, fehlen im Ganzen drei Zeichen.

4) Die erhaltenen Spuren des Zeichens  scheinen *ri* oder *ur* auszuschliessen.

5) Von *âbê* und *šu* glaube ich noch Spuren erkennen zu können.

Bêlnirâri »Bêl ist mein Helfer«), im Kampf. Der »Priester Aššurs«[1] freilich behielt den Sieg: Kurigalzu wurde bei der Stadt Sugag geschlagen und musste in eine namhafte Gebietserweiterung Assyriens nach der babylonischen Seite hin willigen.

Ina tar-ṣi m ilu Bêl-nirâri šar mât Aššûr m Ku-ri-gal-zu ṣi-iḫ-ru [2]
m ilu Bêl-nirâri šar mât Aššûr i-na âlu Su-ga-gi ša êli nâr [3]
it-ti-šu i-duk a-bi-ik-šú iš-kun ṣâbê-šu karâša-šu[4]
uš-ma-nu-šu ê-bu-uk ul-tú šá si-li mât Šú-ba-ri
[a-di][5] mât Kar-du-ni-aš êḳlê ú-šam-ši-lu-ma i-zu-zu
mi-iṣ-ru ta-ḫu-mu iš-kun-nu. (I 18—23).

Trotz dieser Niederlage scheint der Name Kurigalzu's, des »Königs ohne Gleichen«[5], von allen diesen Kossäerfürsten der gefeiertste gewesen zu sein; insonderheit hat auch die von ihm gegründete starke Festung Dûr-Kurigalzu d. i. »Kurigalzus Mauer« den Namen dieses Königs verewigt. Die Festung bildete gleichsam den Schlüssel zum Lande Karduniaš; ihre Ruinen sind in dem jetzigen Trümmerhügel Akarkûf, 20 km oder $2^1/_2$ Stunden westlich von Bagdâd, an der Strasse von Bagdâd nach Hilla, erhalten. Viele Backsteine mit Kurigalzus Namen hat Sir Henry Rawlinson dort ringsum gefunden[6].

---

1) IV R 44, 24. Râmânnirâri I nennt sich an dieser Stelle (IV R 44, 23—27) *mâr mâri ša Bêl-nirâri šangû Ašûr-ma ša ummân kaš-ši inârûma u nagap zâ'êrêšu ḳâsu ikšudu murâpiš mêṣri u kudûri* »Enkel des Bêlnirârî, des Priesters des Gottes Ašûr, welcher das Kossäerheer bezwang und dessen Hand die Niederlage seiner Widersacher erreichte, des Erweiterers von Grenze und Gebiet«.

2) Mögen vier Zeichen fehlen, doch war das letzte kaum *aš*.

3) Die winzige am Ende der Zeile erhaltene Spur scheint mir , wie der Tigris sonst auf dieser Tafel geschrieben ist (siehe I 30), auszuschliessen.

4) Trotz der Geringfügigkeit der erhaltenen Spuren glaube ich die Zeichen 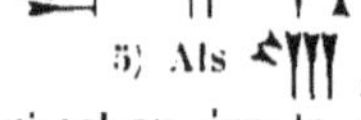 d. i. *karâša-šu* »sein Lager« verbürgen zu können.

5) Als 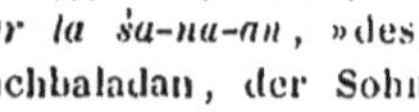 d. i. »Abkömmling« (siehe S. 17 Anm.) des *Ku-ri-gal-zu šar la ša-na-an*, »des Königs ohne Gleichen«, bezeichnet sich der ältere Merodachbaladan, der Sohn des Mêlišiḫu, IV R 41 col. I 33 f. — Eine in Dûr-Kurigalzu gefundene Bildsäule Merodach's trägt in ihrem Auge die Inschrift: »Marduk, seinem König, hat Kurigalzu, Sohn des Burnaburiaš, diese Bildsäule gemacht«. Siehe *Transactions of the Society of Biblical Archaeology*, *vol.* I, p. 70. — Gemäss der I R 4 No. XIV, 1 veröffentlichten Backsteinlegende baute *Ku-ri-gal-zu* dem Gotte Bêl einen Tempel, dessen Ruinen jetzt durch den Tel Aswad von Akarkûf bezeichnet sind; gemäss der Backsteinlegende ibid. No. XIV, 2 und 3 erneuerte er in Ur den Tempel (?) des Mondgottes. Vgl. ferner I R 69 col. II 32.

6) Vgl. auch Paradies S. 207 f.

Dem nächsten Kossäerkönig begegnen wir unter der Regierung des Enkels Bêlnirâris, des assyrischen Königs Râmânnirâri I. welcher nicht allein die zwischen dem unteren Zâb, dem Tigris und dem Gebirge wohnenden oder nomadisirenden Stämme der Ḳutû, Lulumû und Šubarû hart züchtigte, sondern auch dem König von Karduniâš, Namens Nazimaraddaš, bei der Stadt Kar-Ištar eine schwere Niederlage beibrachte[1].

m ilu Râmân-nirâri šar mât Aššûr m Na-zi-marad[2]-daš šar mât Kar-du-ni-aš
it-ti a-ḫa-mêš ina âlu Kar-ilu Ištar m A-ḳar-sa-al-lu i-duk
m ilu Râmân-nirâri a-bi-ik-tam ša m Na-zi-marad-daš iš-kun
abikta-šu im-ḫa-aṣ karâs-su ilu šêš-gal-mêš-šu i-bu-ga-šu
i-na êli mi-iṣ-ri ta-ḫu-mu an . .[3]
mi-ṣir-rê-šû-nu iš-tu tar-ṣi šat-pi[4] âlu [Ra-pi-]ḳi
šá šêpâ am-ma-ma[5]-tē šá nâr Diḳlat[6] âlu Ar-ma-an-a-ḳar-sa-li
a-di Lu-lu-mê-ê iš-ku-nu-ma [i-[7]] zu-zu[8]. (24—31).

Den letzten kossäischen Königsnamen endlich in dieser wohl ununterbrochenen Reihenfolge lesen wir in dem Text III R 4 No. 1[9].

1) Vgl. Râmânnirâri's I grosse Steintafelinschrift, in welcher er sich (Obv. 4 ff.) nennt: *um-ma-an Kaš-ši-i Ḳu-ti-i Lu-lu-mê-i u Šú-ba-ri-i mu-ḫi-ip kul-la-at na-ki-rê ê-liš u šap-liš da-iš mâtâtê-šú-nu* »der das Heer der Kossäer, Ḳutäer, Lulumäer und Šubaräer, der alle Feinde droben und drunten zerschmiss, zertrat ihre Länder«. Beachte die enge Verbindung, in welcher hier die Kossäer mit den übrigen Stämmen nordwärts von Babylonien genannt sind.

2) Für diese hier einstweilen vorausgenommene Lesung des Zeichens  siehe die Begründung S. 27.

3) Zwei sehr verwischte Zeichen: das erstere *ir? kak?*, das zweite *su? mê??*.

4) Oder *nat-pi, kur-pi?*

5) Das zweite *ma* beruht offenbar auf einem Versehen des Tafelschreibers.

6) Geschrieben .

7) Fehlt wohl nicht mehr als dies Eine Zeichen.

8) Die irreleitende Uebersetzung, welche George Smith in seinen *Assyrian Discoveries*, p. 250, von diesem Stücke giebt, kann ich mir nur erklären, dass das Fragment, als es Smith übersetzte, noch ungereinigt und darum nahezu unleserlich war. Desshalb »ergänzte« auch Smith den assyrischen Königsnamen Tukulti-Adar (Tugulti-ninip), während das Fragment klar den Namen Râmânnirâri aufweist. — Obige Zeile 31 ist die Schlusszeile von col. I. Es folgt nur noch ein Trennungsstrich. Bis die synchronistische Tafel mit II R 65, I b wieder einsetzt, klafft eine Lücke von c. 32—34 Zeilen, von welchen indess 12 durch III R 4 No. 3 ersetzt werden.

9) Dieser Text entstammt jenem leider sehr beschädigten Obelisk, welchem auch I R 28 angehört und welcher, wie es scheint, eine kurzgefasste Geschichte

Beziehe ich diese leider sehr verwischte Inschrift richtig auf Râmânniràris I Sohn, nämlich Salmanassar I, den Gründen der Stadt Kelach, so war dessen babylonischer Zeitgenosse Karaburiàš[1].

Nach Berossos gingen den 45 babylonischen Königen, welche zwischen Semiramis und Phul 526 Jahre über Babylonien herrschten 1257—731 v. Chr., 9 Araberkönige voraus mit im Ganzen 245 Jahren. Es kann keinem Zweifel unterliegen, dass unter diesen »Araberkönigen« des Berossos eben unsere Kossäerkönige zu verstehen sind. Die Nomenclatur des Berossos ist auch sonst, was jene alten Völker betrifft, eine nicht sehr genaue: so nennt er ja bekanntlich die Elamiten »Meder« und trägt den verhältnissmässig jungen Chaldäernamen bis in die älteste, sogar vorsintfluthliche Zeit zurück. Im vorliegenden Falle begreift sich zudem, wie die Kossäer »Araber« genannt werden konnten: wie die Sutäer von den Assyrern mit Recht als »Wüstenstämme« bezeichnet werden[2], so waren ja auch die Kossäer unstät herumziehende, auf Beute ausgehende Wanderhorden, wie es denn beachtenswerth ist, dass Sanherib in dem oben mitgetheilten Abschnitt seiner Annalen von den Kossäern nicht allein als in festen Städten, sondern auch als in Zelten wohnend redet[3]. Vor allem aber führt die babylonisch-assyrische Chronologie für diese Kossäerkönige, die Zeitgenossen der Vorgänger des assyrischen Königs Tukulti-Adar I, welches letzteren Regierung als »600 Jahre vor San-

Assyriens von der ältesten Zeit ab bis auf Asûrnâṣirpal enthielt, Grund genug, die Unleserlichkeit seiner meisten Schriftzeilen zu beklagen. Das oben erwähnte Stück handelt auf alle Fälle von einem König lange vor der Zeit Tiglathpilesers I. Der betreffende König zog wenigstens vier Jahre nach einander gegen das Aramäerland am und im Kasjargebirg, d. i. dem Mons Masius, unter ununterbrochenen Kämpfen zu Felde. Von Salmanassar I aber wissen wir durch Asurn. I 102 f., dass er im Tela-Thal des Kasjargebirgs unweit der Stadt Damdamusa eine assyrische Ansiedelung gegründet hat.

1) Geschrieben *Ka-𒁹<<-bur-ia-aš* III R 4 No. 1, 7; 𒁹<< vermuthe ich statt 𒁹<<<, wie III R bietet. Auch Smith, *Transactions* III 366, liest 𒁹<<, bezieht aber den Text sicherlich falsch auf Tiglathpileser I. Für die hier einstweilen vorausgenommene Lesung *ara* des Zeichens 𒁹<< siehe S. 28.

2) *amêlu Su-tê-e ṣa-ab ṣêri* Khors. 123; *amêlu Su-ti-i ṣâbê ṣêri* Khors. 136.

3) Vgl. auch Khors. 69: »die Länder Agagi, Ambanda, Medien, *ša pâti amêlu A-ri-bi nipiḫ Šamši* d. h. welche an die östlichen Araberstämme grenzen« — auch hier steht Araber, wie es scheint, von Nomadenstämmen schlechtweg.

herib für die Zeit um 1310 v. Chr. monumental beglaubigt ist, genau in ebendie Periode, welcher jene neun Araberkönige zuzuweisen sind. Lassen wir Semiramis, von welcher die Tradition des Berossos aussagt, dass sie, zwischen der Dynastie der 9 Araberkönige und der nächstfolgenden Dynastie der 45 Könige bis Phul mitten inne stehend, »etiam ipsam in Assyrios dominatam esse«, 23 Jahre regiert haben, so erhalten wir für die Araber- oder Kossäerkönige die Jahre 1525—1280. Mag aber Semiramis auch kürzer regiert haben — im Jahr 1500 sass jedenfalls der erste Kossäer auf dem babylonischen Thron [1]. Wir würden hiernach 7 der 9 Araberkönige mit Namen kennen: Karaïndaš, Burnaburiaš, Karaḫardaš, Nazibugaš, Kurigalzu, Nazimaraddaš, Karaburiaš: die Namen der zwei fehlenden dürfte wohl der noch immer fehlende Anfang der synchronistischen Geschichtstafel enthalten. Es scheint in der That, dass die ersten erwähnungswerthen Beziehungen zwischen dem jungen assyrischen Staat und dem babylonischen Mutterlande von der Zeit an datiren, da die Kossäerscharen über Babylonien hereinbrachen und die Besorgniss nahe genug lag, sie

1 Die Notiz des Berossos, dass sich unter Semiramis die babylonische Herrschaft eine Zeit lang auch über Assyrien erstreckt habe, wird durch die Keilschriftliteratur bestätigt. Wir wissen, dass Salmanassars I Sohn Tukulti-Adar I zwar anfangs im Kampf mit Babylonien glücklich gewesen ist, sodass Râmânnirâri III diesen seinen Ahn geradezu »König von Šumèr und Akkad« nennt (I R 35 No. 3, 19 f.), dass es ihm also gelungen sein muss, bis in das Herz Babyloniens seine Waffen zu tragen und sich dort eine Zeit lang auch siegreich zu behaupten. Aber wir wissen nicht minder, dass dieser Triumph nur ein vorübergehender gewesen. Denn wenn Sanherib berichtet, dass er das Siegel Tukulti-Adar's, welches »als Beutestück« nach Akkad gekommen war, nach 600 Jahren aus der Schatzkammer zu Babylon wiedergebracht habe (wohl 704 v. Chr., dem Datum von Sanheribs erster Eroberung Babylons; Tukulti-Adar also c. 1304), so deutet dies darauf hin, dass sich das Glück schliesslich noch gewendet hat und die Babylonier ihrerseits nach Assyrien vorgedrungen sind. Auch noch aus andern Anzeichen erhellt diese tiefe Demüthigung der assyrischen Macht. Das III R 4 No. 3 veröffentlichte Bruchstück der synchronistischen Geschichte weist trotz seiner Lückenhaftigkeit unzweideutig auf eine grosse Schwächung der assyrischen Macht unter Tukulti-Adar's Nachfolgern hin. Einer von ihnen, Bêlkudùruṣur, fällt sogar im Kampf gegen seinen babylonischen Gegner, und dieser letztere bietet nun in seinem Land eine grosse Heeresmacht auf, um, wie ausdrücklich berichtet ist, die Stadt Assur zu erobern. Erst unter Adarpalèšara, wahrscheinlich einem Sohne Bêlkudùruṣur's, gelang es die babylonischen Truppen zur Rückkehr zu zwingen und weiterhin in einer Reihe siegreicher Schlachten Assyriens Uebergewicht über Babylonien wiederherzustellen.

möchten auch den unteren Zâb überschreiten und die assyrische Hauptstadt bedrohen.

Die babylonischen Königsnamen, welche zunächst auf Karaburiâš folgen, sind, soweit sie bekannt sind, wieder gut semitisch: so tragen die Namen der babylonischen Zeitgenossen des assyrischen Königs Bêlkudûruṣur (um 1220) und dessen Nachfolgers Adarpalêšara's Sohn Ašûrdân I unverkennbar semitisch-babylonisches Gepräge[1]. Aber damit sind die Kaššû nicht auf einmal von dem babylonischen Schauplatz verschwunden, vielmehr müssen sie sich in Babylon selbst und in Karduniâš, der Landschaft um Babylon, in grossen Scharen sesshaft gemacht und, thatkräftig wie sie waren, wohl auch durch immer neue Zuzüge verstärkt, es verstanden haben, sich in einflussreicher Machtstellung neben den Semiten zu behaupten. Es erhellt dies aus untrüglichen Anzeichen. Zunächst ist beachtenswerth, dass noch Ašûrnâṣirpal (884—860) in seinem Bericht von der Besiegung der Feldherrn und Truppen des babylonischen Königs Nabûbaliddin, welche dieser dem Land Sûḫi zur Hülfe wider die Assyrer geschickt hatte, Babylonien schlechtweg als »Kossäerland« bezeichnet[2]. Kossäer also in Babylonien noch etwa 400 Jahre nach dem letzten jener 9 Kossäerkönige und, wenn auch vielleicht damals nicht mehr, so doch jedenfalls zeitweise noch so mächtig geblieben, dass das Land mit der Hauptstadt Babylon geradezu nach ihnen benannt ward[3]. Sodann steht

1) Bêlkudûruṣur's Zeitgenosse hiess *Rammân* . . . . ., was Smith (*Transactions* I, 71 f.) zu *Rammân-bal-iddina* ergänzt, indem er dann weiter diesen Rammânbaliddina mit jenem gleichnamigen König von Babylon identificirt, welchem die I R 5 No. XXII und in Opperts *Dour-Sarkayan*, p. 28, veröffentlichten kleinen Inschriften angehören sollen. Aber diese beiden letzteren könnten auch jenem Smith noch unbekannten König Rammânbaliddina, welcher ein Zeitgenosse des assyrischen Königs Ašûrbêlkâla war, zugehören. Die Ergänzung Smith's scheint hiernach nicht ganz sicher. Ašûrdân's Zeitgenosse hiess *Adar-šum-iddin*, und zwar ist der Gott Adar *ilu Za-má-má Za-gá-gá* geschrieben; dass dieser letztere Name ein Beiname oder eine besondere Schreibweise des Gottes Adar ist, lehrt II R 57, 70 c. d.

2) *mât Kaš-ši-i* Asurn. III 17. Auch in der Legende vom Pestgott (in Uebersetzung veröffentlicht Chaldäische Genesis S. 110 ff., vgl. Paradies S. 234), wo die Völker und Stämme *Tâm-dim*, *Su-maš-tu*, *Aš-šú-ru*, *É-la-mu-ú*, *Kaš-šú-ú*, *Su-tu-ú*, *Ḳu-tu-ú*, *Lu-ul-lu-bu-ú* zusammen genannt werden, wird, da sonst die Babylonier fehlen würden, *Kaššû* von den Kossäern im weiteren Sinne, nämlich als gleichzeitigen Beherrschern Babyloniens verstanden werden müssen.

3) Die in der vorhergehenden Anm. citirte Ašûrnâṣirpal-Stelle ist beiläufig die

unzweifelhaft fest, dass auch nach der Zeit jener 9 Kossäerkönige Könige mit kossäischen Namen über Babylon herrschten. Mögen diese auch, wenigstens zum Theil, Semiten zu Vätern gehabt haben, so erklärt sich die kossäische Benennung der Söhne doch nur als ein Zugeständniss an den noch immer mächtigen und einflussreichen kossäischen Theil der Bevölkerung[1]. Auch Heirathen zwischen den semitischen und kossäischen Fürstenfamilien sind in Betracht zu ziehen. Von dem König Šagašaltiaš oder voller Šagašaltiburiàš, dem Sohn des Königs Kudûr-Bêl, steht jetzt fest, dass er um 1050 v. Chr. regierte[2]. In diese **semitisch-kossäische Periode** c. 1200—900 v. Chr., wie ich sie nennen möchte, und zwar in deren ältere Zeit zwischen 1175 und 1115, gehört ferner Simmaššiḫu, der Sohn des Êrbâ-Sin (»vermehre, o Sin«). Er regierte 17 Jahre und hatte zu seinen unmittelbaren Nachfolgern Êamukinzêru, den Sohn des Ḫašmar (3 Monate), Kaššûnâdinâḫû, den Sohn des Šappai (6 Jahre), Inaêulbar-šurki-iddina, den Sohn des Bazi (15 Jahre), Nabûkudûruṣur, den Sohn des Bazi (2 Jahre), und endlich Amêl-Šuḳamuna (2½ oder 3½ Jahre), auf welchen ein König von elamitischer Herkunft mit 6 Jahren folgte[3]. Da Nabûkudûruṣur (Nebukadnezar I) gemäss der synchro-

älteste bis jetzt bekannte, in welcher der Name *mât Kaldu* (babyl. *mât Kašdu*) sich findet; siehe Asurn. III 24.

1 Diese auch in anderen Perioden der babylonischen Geschichte sich zeigende Erscheinung, dass Vater und Sohn Namen aus verschiedenen Landesidiomen tragen (vgl. z. B. Arad-Sin, den Sohn des elamitischen Königs Kudurmabuk), erschwert mitunter sehr die genaue Scheidung der einzelnen babylonischen Dynastieen.

2 Der nämliche Nabûnâ'id-Cylinder, welcher Narâm-Sin 3200 Jahre vor Nabûnâ'id, also um 3750, regieren lässt, wodurch wir für Narâm-Sin's Vater, den babylonischen König Sargon, bis 3800 v. Chr. zurückgeführt werden, lässt Šagašaltiburiàš (geschrieben *m* *-ga-šal-ti-bur-ia-* oder ) 800 Jahre vor Nabûnâ'id, also um 1050 regieren; siehe Pinches in *Proceedings of the Society of Biblical Archaeology*, 7th November, 1882, pag. 9 und 12. Šagašaltiburiàš, der Sohn des Kudûr-Bêl (III 29, 31), war gemäss diesem von Rassam in Sepharwaim gefundenen Cylinder der letzte König von Babylon bis auf Nabûnâ'id, welcher den Venustempel È-ulbar zu Sippar restaurirte. Vgl. I R 69 col. III 20. 41, wo der Name des Königs kürzer *m Ša-ga-šal-ti-ia-aš* geschrieben ist. Nabûnâ'id fand hiernach den Thoncylinder dieses seines Vorgängers im Tempel È-ulbar. Pinches *l. c.* pag. 9 erwähnt auch eine Schreibweise *m Ša-ga-aš*  *-ti-bur-ia-aš*.

3 Alle diese werthvollen Angaben verdanken wir dem Fragment einer Tafel, welche, wenn sie vollständig erhalten wäre, wahrscheinlich die ganze Liste der babylonischen Könige von ältester Zeit ab, und zwar chronologisch geordnet so-

nistischen Geschichte ein Zeitgenosse von Tiglathpilesers I Vater, Ašûr-rêšiši, war, so erhalten wir für Simmaššiḫu etwa die Zeit zwischen Ašûrdân I (c. 1175) und Ašûrrêšiši (c. 1130). Noch nicht der Zeit

---

wie mit Angabe der Dauer der einzelnen Regierungen und Dynastien, darbieten würde. Die Tafel ist veröffentlicht und besprochen von George Smith in den *Transactions* III 361 ff. unter der Ueberschrift: *On fragments of an inscription giving part of the chronology from which the canon of Berosus was copied.* Das Stück, welches die oben genannten sechs Königsnamen enthält, gehört der V. Columne der Tafel an; die Ausgabe Smith's, *l. c.* p. 373—377, ist, wie ich mich durch Collation des Originals überzeugt habe, vorzüglich correct; nur p. 374 Z. 25 scheint mir das Fragezeichen hinter entbehrlich und Z. 26 ist das erste Zeichen , nicht . Die Namen sind folgendermassen geschrieben: *m Sim-maš-ši-ḫu mâr m Êr-ba-ilu Sin; m ilu Ê-a-mu-kin-zêru mâr m Ḫaš-mar; m ilu Kaš-šu-ú-nâdin-âḫû mâr m Šap-pa-ai; (m Ê-ul-bar-* *mâr m Ba-zi;* d. i. *Nabû-kudûr-uṣur mâr m Ba-zi; m A-mê-lu-(?) ilu Šú-ḳa-mu-na* (da für drei Zeichen reichlich Raum ist, wird die phonetisch geschriebene Ergänzung *A-mê-lu* der ideographischen Schreibung , wie Smith ergänzt, vorzuziehen sein). Was meine chronologische Eingliederung dieser Königsnamen betrifft, so steht und fällt sie mit der Richtigkeit der Ergänzung des fünften Namens . . . *kudûr-uṣur* zu *Nabû-kudûr-uṣur*; indess scheint mir diese auch von Smith gewagte Ergänzung zweifellos richtig. Vor den 9 »Araber«- oder Kossäerkönigen kann Simmaššiḫu nicht regiert haben; denn kossäische Namen sind erst seit dem ersten »Araber«- oder Kossäerkönig innerhalb Babyloniens nachweisbar. So bleibt für diese sechs oder, nehmen wir den Elamiten noch dazu, für diese 7 Könige mit im Ganzen c. 50 Jahren nur die Zeit entweder zwischen Ašûrdân I und Tiglathpileser I oder die grosse Lücke von 1090—930. Da nun aber gerade für den ersteren Zeitraum ein König Nabûkudûruṣur, nämlich als Zeitgenosse des Ašûrrêšiši, des Vaters Tiglathpileser's I, sonst ausdrücklich bezeugt ist, scheint mir ebendiese Periode, die gerade lang genug ist, um jene 7 Regenten zu umschliessen (siehe Tig. VII 60 ff., wonach Ašûrdân 60 Jahre vor Tiglathpileser regierte), überwiegende Wahrscheinlichkeit zu haben. Auch der König »elamitischen Geblüts« erklärt sich leicht als einer der Nachfolger Nebukadnezars I, der uns jetzt als Besieger Elams bezeugt ist. Eine Heirath zwischen dem babylonischen und elamitischen Königshaus mag den Frieden besiegelt haben. — Zu den Königsnamen als solchen mache ich noch die folgenden Bemerkungen: Der Name Simmaššiḫu findet sich als »*Si-im-maš-ši-ḫu*, König von Babylon«, auch auf der Steintafelurkunde aus dem 31. Jahre des babylonischen Königs Nabûbaliddin, I 13; Kaššûnâdinâḫû als »*ilu Kaš-šu-ú-nâdin-âḫû*, König« ebenda I 25; sein Nachfolger als »*Ina-ê-ul-bar-* , König« ebenda I 29, und ohne *ina* IV 50. Alle diese Könige werden in Verbindung mit dem Sonnentempel von Sepharwaim genannt. Wie die beiden Ideogramme zu lesen sind, ist an sich nicht sicher; da indess der Name, worauf schon Smith (*l. c.* p. 370) aufmerksam gemacht hat, mit dem Namen *m Ê-ul-bar-* *-ki-* III R 43 col. I 29 gewiss Eins ist, so sichert

nach näher bestimmbar, aber wohl sicher der jüngeren Zeit dieser semitisch-kossäischen Periode, zwischen 1100 (1090) und 910, zuzuweisen sind Mêlišiḫu und dessen Sohn Mardukbaliddina der ältere Merodachbaladan), welche ihren Stammbaum zunächst auf Èrbâ-Marduk (»vermehre, o Merodach«), in letzter Linie aber bis auf Kurigalzu zurückführen[1]. Ebendieser Periode gehört jener König an, von

das phonetische Complement *ki*, *ķi* für  die Lesung als *šarâķu* »schenken«; also vielleicht *È-ulbar-šurķi-iddina* »Èulbar hat mir das Geschenk verliehen« bez. »In Èulbar hat man (nämlich die Gottheit) mir das Geschenk verliehen«. Beide Namen dürfen um so zuversichtlicher identificirt werden, als auch dieser letztere *È-ulbar-šurķi-iddina*, welcher auf einer aus dem 10. Jahr Marduknâdinâḫê's datirten Schenkungsurkunde als erster Beglaubigungszeuge erscheint, Sohn des Bazi sich nennt. Smith identificirt sogar die beiden Persönlichkeiten, hält den König dieses Namens und den Zeugen dieses Namens, welcher allerdings, wie er an erster Stelle unterzeichnet, auch durch seine Stellung als *amêlu rêš* 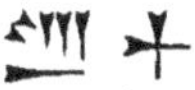 *ša mâtâte* als hochangesehene Persönlichkeit erwiesen wird (vgl. zum Titel noch I R 66 No. 2 col. II, 10. III R 43 col. II 6. col. IV Kante 4), für ein und dieselbe Person. Ist meine Ergänzung [Nabû-]kudûruṣur richtig, so müsste angenommen werden, dass Èulbaršurķiddina nach 15jähriger Regierung dieselbe freiwillig oder gezwungen aufgegeben und mindestens noch 20 Jahre gelebt habe. Mag dem sein wie ihm wolle, immerhin gereicht diese Erwähnung eines Sohnes des Bazi zur Zeit Marduknâdinâḫê's, des Zeitgenossen Tiglathpilesers I, meiner chronologischen Einreihung der drei zur »Dynastie des Bazi« gehörigen Königsnamen Èulbaršurķiddina, Nebukadnezar I und Amêlu-Šuķamuna zu weiterer Bestätigung. Wie diese drei Könige als Könige der »Dynastie des Bazi« bezeichnet sind, so die drei Könige Simmaššiḫu, Èamukînzêr und Kaššûnâdinâḫû als Könige der »Dynastie des Landes *a-ab-ba*«. Das letztere Ideogramm bedeutet »Meer« (wörtlich »Wasser-Behältniss«, *a-aba*), und wird dann auch vielleicht für »Wüste« gebraucht (so in dem bekannten Ideogramm für Kamel, welches dieses Thier als »Wüstenthier« bezeichnen wird). Hier ist es wohl sicher in der ersteren Bedeutung zu nehmen, sodass sich *mât a-ab-ba* mit *Tâm-dim* »Seeland, Meerland« der Legende vom Pestgott (s. oben S. 13 Anm. 2) deckt; im Uebrigen siehe zu diesem »Meerland«, dem südlichsten Landstrich Unterbabyloniens oder Chaldäas, Paradies S. 180 ff. Wie der Name des zu dieser »Dynastie des Meerlandes« gehörigen Königs Simmaššiḫu beweist, erstreckte sich der kossäische Einfluss weit über Babylon hinaus auf das ganze Land bis hinab nach Chaldäa und dem persischen Meerbusen. Der Name des Stammes, als dessen »Führer« Simmaššiḫu erscheint, ist *amêlu Ku-u-bar*.

1) Die Backsteininschrift I R 5 No. XVII lautet gemäss Smith, *Transactions* I, p. 76 (im Inschriftenwerk ist Z. 5 ungenau veröffentlicht), Z. 5—8: »*Marduk-bal-iddi-na*, König von Babylon, *pal Èrbâ-Marduk*, Königs von Šumêr und Akkad«. Dieses *pal*, 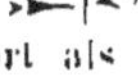, kann unmöglich »Sohn« bedeuten, wie Smith übersetzt, indem er das Wort als phonetische Schreibung des status constructus von *ablu*, *aplu* »Sohn« nimmt, sondern bedeutet »Dynastie« (urspr. Regierung, *palû*). Und wenn sich auf dem IV R 41 veröffentlichten Grenzstein ebendieser ältere König Mero-

welchem wir die grosse Weihinschrift V R 33 in assyrischer Abschrift aus Asûrbânipals Bibliothek besitzen und welchen ich einstweilen Agum nennen will[1]. Der König nennt sich daselbst (I 3 f.): »glänzender Spross des Gottes Šuḳamunu«, und (I 31—42): »König der Kossäer und Akkadier[2], König des weiten Babylonien, der im Lande Ašnunnak zahlreiche Völker ansiedelte, König des Landes Padan und Alman, König des Landes Gutû, weitausgedehnter (?) Völker, erhabener König der vier Himmelsgegenden, Verehrer der grossen Götter«. Endlich aber wüsste ich nur dieser Periode zuzutheilen alle die übrigen babylonischen Könige kossäischen Namens, welche das sofort ausführlicher zu besprechende Rassam'sche Königsverzeichniss am Ende seiner I. und am Anfang seiner IV. Columne aufführt, nämlich Ulamburiàš, Ulamḫarbê, Mêliḫali, Mêlisaḫ[3], Nimgirabi, Nimgirabisaḫ[3], Nimgirabiburiàš, Karasaḫ[3], Nazišiḫu, Naziburiàš[4]. Dass für alle diese Könige samt Šagašaltiaš in der Zeit

---

dachbaladan Z. 28—31a »*Marduk-bal-iddi-na šar kiššati šar Šumêri Akkadê, mâr Mê-li-ši-ḫu šar Bâbili* (von *mâr* wie von *mê* sind auf dem Original noch Spuren zu sehen),  *Ku-ri-gal-zu šar la šá-na-an*« nennt, so könnten diese letzteren drei Keilschriftzeichen zwar auch »Enkel« bedeuten (siehe IV R 60, 42a, wo sich Asûrbânipal »Sohn« Asarhaddons,  d. i. »Enkel« Sanheribs nennt), sie können aber ebensogut ganz allgemein »Nachkomme, Abkömmling« bedeuten (siehe I R 35 No. 3, 19, ferner die in Rede stehende Urkunde Merodachbaladans selbst Z. 8 bez. 3b, und andere Stellen mehr), und dass sie hier so zu fassen sind, lehrt die zu Kurigalzu hinzugefügte Apposition. Wäre Merodachbaladan Enkel des Kurigalzu, so würde er nach babylonisch-assyrischem Brauch seinem Grossvater mindestens einen seiner rechtmässigen Titel, also etwa »König von Babylon« zulegen; so aber führt er lediglich seinen Stammbaum auf Kurigalzu als glorreichen Urahn zurück und da genügte es, diesen als »König ohne Gleichen« zu bezeichnen. — Êrbâ-Marduk findet sich in der Schreibung *Êr-ba-ilu Marduk* und mit dem Titel »König von Babylon« auch auf einem Gewicht, siehe *Transactions* I, p. 75.

1) Die Besprechung dieses Königs Agum und der Eingangsworte seiner Weihinschrift erfordert einen eigenen Excurs; siehe Anhang A.

2) *šar Kaš-ši-i ù Ak-ka-di-i.*

3) Die Lesung *saḫ* des Zeichens  nehme ich einstweilen voraus; die Beweisführung folgt S. 27.

4) Von den in gleichem Zusammenhang genannten und nicht minder sicher in die semitisch-kossäische Periode gehörigen Königen Kara-Bêl, Mêlišumu (= babyl. Amêl-Šuḳamuna) und Mêli-Šibarru (= babyl. Amêl-Šimali'a) ist der zweite wohl eben jener Amêl-Šuḳamuna, welcher unter diesem seinem semitischen Namen

zwischen 1100 (1090) und c. 910, also in einer Periode von 190 Jahren Raum genug ist, sei ausdrücklich bemerkt; sie würden hiernach ihren Platz finden zwischen Mardukndinaḫê, dem Zeitgenossen Tiglathpilesers I. (sowie Mardukšâpikzêrmâti und Râmânbaliddina), den Zeitgenossen von Tiglathpileser's I Sohn Ašûrbêlkâla, einerseits und Šamašmudammiḳ sowie Nabûšumiškun, den Zeitgenossen Râmânnirâri's II (912—890), andrerseits. Meine Annahme einer solchen »semitisch-kossäischen Periode« noch ziemlich lange nach dem letzten der 9 »Araber«- oder Kossäerkönige wird endlich dadurch bestätigt, dass wir gerade in dieser Zeit auch kossäischen Namen bei Privatpersonen begegnen, und zwar bestätigt die hohe äussere Stellung der einzelnen Männer, in welch bedeutendem Einfluss diese babylonischen Kossäer sich zu erhalten wussten. So ist der erste Unterzeichner des weiterhin noch wiederholt zu erwähnenden »Freibriefes« Nebukadnezars I Nazi-Marduk[1], *ka-lu* des Landes Akkad, und auf der aus dem 10. Jahre Mardukndinaḫê's stammenden Schenkungsurkunde III R 43 finden wir die Namen Kašaktijanzi, Šuḳamunaâḫ-iddina, Sohn des Miliḫarbê, Ulamḫala[2].

Dass alle die bisher durch gesperrten Druck hervorgehobenen babylonischen Namen in der That kossäischen Gepräges sind, dies zu zeigen, ist die zunächstliegende Aufgabe des zweiten Kapitels.

als Nachfolger Nebukadnezars I oben S. 14 (nebst Anm. 3) erwähnt wurde. Der erste Name ist gemischt kossäisch-semitisch (vgl. den Namen Nazi-Marduk unten Anm. 1), und das Gleiche scheint bei dem dritten der Fall zu sein; ich schliesse dies aus dem Götterdeterminativ vor *Śiburru*; kossäischen Götternamen steht innerhalb von Personennamen sonst nie ein Determinativ vor.

1 *Na-zi-itu Marduk*. Der Name ist gemischt kossäisch-semitisch. Der nämliche Name findet sich in einer Urkunde Merodachbaladans, IV R 41, 48a. 40b.

2 *m Ka-šak-ti-ia-an-zi* II 40, *m Šu-ḳa-mu-na-âḫ-iddi-na* II 43, *m Mi-li-ḫar-bê* II 14. 18, *m U-lam-ḫa-la* II 20.

II.

Die Sprache der Kossäer.

a) Unsere Quellen.

Die erste, freilich äusserst dürftige Kenntniss der Sprache jenes Volkes Kaššû, welchem die Könige Karaïndaš, Burnaburiâš, Kurigalzu u. s. f. angehörten, vermittelte das kleine, II R 65 No. 2 veröffentlichte Fragment einer Thontafel, welches einige dieser Kossäernamen mit semitischer Namensdeutung darbietet. Dieses Fragment hat sich seitdem als zu der grösseren Tafel K. 4426 zugehörig erwiesen, welche als die »Rassam'sche Königsliste« bezeichnet werden mag. Diese Tafel[1] bietet auf Vorder- und Rückseite je zwei zweispaltige Columnen. Etwa die Hälfte der Tafel, nämlich der Anfang der Columnen I und II (Vorderseite) und der Schluss der Columnen III und IV (Rückseite), fehlt auch jetzt noch. Nach einer Lücke von etwa 33 Zeilen beginnt Obv. col. I mit einer Reihe sumerischer Königsnamen nebst semitischer Uebersetzung, von denen wir jetzt theilweise wissen, dass sie nicht zu der Dynastie von Babylon, sondern zu jener von  gehören, einer Stadt, die ihrerseits aber nicht, da auch ein König Sargon ihr anzugehören scheint, allzu zuversichtlich mit Agadè (= Akkad?)[2] identificirt werden darf. Es folgt dann

---

1) Veröffentlicht (obwohl nur die linken Spalten in Keilschrift) und besprochen von Pinches in *Proceedings*, 11th January 1881, p. 37 ff.

2) Der bis vor kurzem nur als Landesname keilschriftlich zu erweisende Name Akkad hat sich jetzt auch, in Uebereinstimmung mit אַכַּד Gen. 10, 10, als Stadtname gefunden. Auf der Schenkungsurkunde Nebukadnezars I, welche mein junger Freund, Dr. Hermann Hilprecht, zum Gegenstand einer besonderen Abhandlung machen wird, werden am Schlusse neben anderen Göttern auch die Götter der Stadt *Dê-ê-ir* und unmittelbar nach diesen *»ilu Sin u bêlit âlu Ak-ka-di«* als Rächer für alle Frevel an dieser Urkunde und deren Inhalt angerufen. Nach George Smith ist Akkad Eins mit Agadè (Aganè), der einen Stadthälfte von Sepharwaim;

eine Trennungslinie, und dieser folgen die Worte: an-nu-tum šar ê ša arki a-bu-bi a-na sa-dir a-ḫa-mêš la sad-ru d. h. »die folgenden waren König von Babylon [1] nach der Fluth; in gegenseitige Reihenfolge sind sie nicht gereiht«, und nach einer abermaligen Trennungslinie hebt nun die Reihe dieser nachfluthlichen Könige von Babylon also an [2]:

col. I.

Z. 48.	Ḫa-am-mu-ra-bi	Kim-ta-ra-pa-aš-tum
49.	Am-mi-di-dug-ga	Kim-tum-kêt-tum
50.	Ku-ur-gal-zu	Rê-'i-i-bi-ši-i
51.	Sim-maš-ši-ḫu	Li-dan-ilu Marduk
52.	Ú-lam-bur-ia-a-aš	Li-dan-bêl-mâtâtē
53.	Na-zi--daš	Ṣil [3]-ilu Adar [4]
54.	Mê-li-ši-ḫu	Amêl-(ilu) Marduk
55.	Bur-na-bur-ia-a-aš	Ki-din- bêl-mâtâ- tē (?)
56.	Ka--ilu Bêl [5]	Tukul-ti (ilu Bêl)

Hiemit schliesst col. I. Von den in col. II erhaltenen 27 Namen ist, ebenso wie von den in col. III erhaltenen 29 Namen, keiner welcher sich als kossäisch gäbe, wohl aber beginnt col. IV mit den folgenden Namen:

diese Gleichsetzung würde auch hier vortrefflich passen, falls die Stadt *Dêr*, was sehr wahrscheinlich, in der Ruinenstätte Dêr unweit Abu Habba (Sepharwaim) wiederzuerkennen ist. Eine andere Stadt *Dêr* mit Anu als Stadtgott lag an der elamitischen Grenze, siehe Freibrief Nebukadnezars I col. I 14. Asurb. Sm. 180, 108. u. a. St. m.. Zu beachten ist freilich, dass die »Herrin von Akkad« mitunter neben Anunit von Agadê genannt wird, so III R 66 Obv. 24. 25c und Synchron. Geschichte col. IV (Ergänzung).

1) Ich wüsste nicht, wie die auch in der Unterschrift der Tafel mehrmals wiederkehrenden Zeichen 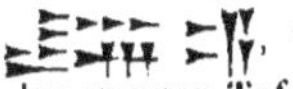, von deren richtigem Verständniss an obiger Stelle das Verständniss der ganzen Tafel abhängt, anders gefasst werden könnten. Schrader und Pinches umschreiben *šarr-ê* und übersetzen einfach »die Könige«, aber niemals wird der Plural von *šarru* oder sonst einem assyrischen Nomen auf diese Weise geschrieben. Die Zeile ist Ueberschrift, nicht Unterschrift (Pinches). Von den der Zeile vorausgehenden Namen sind uns wenigstens drei als Namen von Königen der Dynastie von  bekannt; Ḫammurabi und die nach ihm genannten waren aber in der That Könige von 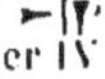, d. i. von Babylon (vgl. zu dieser Schreibung Babylons Paradies S. 214, ferner IV R 35 No. 8, 1, und viele andere Stellen).

2) Vor jedem der Namen steht in beiden Spalten , das Determinativ vor männlichen Personennamen.

3) Zeichen *nun*, *ṣil*.

4) Geschrieben *nin ib*.

5) Geschrieben *ên kit*; ebenso col. IV 1.

col. IV.

Z. 1.	Ú-lam-ḫar-bè	Li-dan-ilu Bêl
2.	Mè-li-ḫa-li	Amêl-ilu Gu-la
3.	Mè-li-šú-mu	Amêl-ilu Šú-ḳa-mu-na
4.	Mè-li-ilu Ši-bar-ru	Amêl-ilu Ši-i-ma-li-ia
5.	Mè-li-	Amêl-ilu Šamaš
6.	Nim-gi-ra-bi	È-ṭē [1]-ru
7.	Nim-gi-ra-bi-	È-ṭē-ru-ilu Šamaš
8.	Nim-gi-ra-bi-bur-ia-áš	È-ṭē-[ru-bêl-mâtâtē]
9.	Ka--bur-ia-áš	Tukul-[ti-bêl-mâtâtē]
10.	Ka- -	Tukul-[ti-ilu Šamaš]
11.	Na-zi-ši-ḫu	[Ṣil-ilu Mard]uk
12.	Na-zi-bur-ia-áš	[Ṣil-bêl- mâtâtē

Es folgt eine Trennungslinie, welche, wie es scheint, die Liste der Königsnamen überhaupt abschliesst.

Diese letzteren Namen sind augenscheinlich wieder kossäisch. Da col. I 55 Burnaburiàš, wie die synchronistische Geschichte lehrt, ohne Zweifel Kossäer war, so geben sich sofort als ebenso zweifellos kossäisch die gleichfalls mit *bur-iàš* zusammengesetzten Namen I 52. IV 8. 9. 12 sowie Šagašaltiburiàš (siehe oben S. 14), mit diesen aber wieder zugleich IV 1 wie auch der am Schluss von Kap. I genannte Personenname Ulamḫala (ebenfalls mit *ú-lam* componirt), IV 6. 7 (ebenfalls *nim-gi-ra-bi* aufweisend), I 56 und IV 10 (ebenfalls mit *ka*- componirt), endlich I 53. IV 11 wie auch der Personenname Nazi-Marduk (ebenfalls mit *na-zi* componirt). Ist aber IV 11 Nazi-šiḫu kossäisch, so sind dies auch die übrigen mit *ši-ḫu* componirten Namen I 51. 54, desgleichen der IV R 34, 44. 53 vorkommende Name Ḫarbišiḫu; ist aber Mèli-šiḫu kossäisch, so sind es auch alle übrigen mit *mè-li* zusammengesetzten Namen, also IV 2—5 wie auch der am Schluss von Kap. I genannte Personenname Mili-ḫarbè, und da Kurigalzu als Kossäer durch die synchronistische Geschichte feststeht, so wären sämtliche Namen I 50—56. IV 1—12 sowie die meisten der sonst noch in Kap. I als kossäisch bezeichneten Namen[2] als kossäisch bewiesen.

1. Geschrieben *di*, *ṭi*.

2 Für Kašakti-ianzi siehe den Beweis S. 28, ebendort den für den Gottesnamen Šuḳamuna und den damit zusammengesetzten Personennamen Šuḳamuna-âḫ-iddina.

Nur wenige Bemerkungen sind hier einzuschalten. Die Angabe der Ueberschrift »in gegenseitige Reihenfolge sind sie nicht gereiht« erweist sich auch für diese Kossäernamen als völlig richtig: andernfalls hätte ja z. B. gleich Burnaburiàš seinen Platz vor Kurigalzu finden müssen. Es ist aber auch zugleich ersichtlich, nach welchem Princip die Namen an einander gereiht sind, nämlich offenbar nach ihrer verwandten Bedeutung (I 48. 49) oder ihrer gleichartigen Zusammensetzungsweise (IV 2—5. 6—8. 9—10. 11—12), obwohl dieses Princip noch strenger durchgeführt sein könnte. Sodann ist zu beachten, dass vier Königsnamen, über deren kossäischen Charakter ebenfalls kein Zweifel sein kann, nämlich die in Kap. I erwähnten Namen Karaïndaš, Karaḫardaš, Nazibugaš und Šagašaltiburiàš (Šagašaltiaš) fehlen, diese müssen also in dem jetzt fehlenden Stücke von col. II oder col. III genannt gewesen sein. Im höchsten Grade auffallend bleibt es ausserdem, dass die Kossäernamen so entzweigesprengt sind: trennt doch I 56 und IV 1 eine Kluft von etwa 2 × 56, also von über hundert Königsnamen. Es erscheint mir gerathen, bei der Erklärung dieser Erscheinung selbst einer naheliegenden Vermuthung mich einstweilen zu enthalten, da Sicheres doch erst auszusagen sein wird, wenn die ganze unschätzbare Königsliste dereinst vollständig vorliegt. Was endlich die beiden den Kossäernamen vorhergehenden Namen col. I 48. 49, Ḫammurabi und Ammididuga, betrifft, welche mit den Kossäerkönigen weder chronologisch noch genealogisch etwas zu thun haben, so habe ich ihnen einen besonderen Excurs (Anhang B) gewidmet, um die eigentliche Untersuchung dieser Schrift nicht allzulange zu unterbrechen. Ich bemerke nur, dass der Verfasser der Königsliste die Reihe der babylonischen nachfluthlichen Könige mit Ḫammurabi, jenem in Werken des Friedens und der Fürsorge für die Wohlfahrt seines Landes wahrhaft grossen Monarchen, zu beginnen vollauf berechtigt war.

Für das kossäische Lexikon liefern uns die Kossäernamen der Rassam'schen Königsliste die folgenden Wörter:

bur-iàš = *bêl mâtâte* »Herr der Länder«, also wohl *bur* »Herr«, *iàš* »Länder«. Gemeint ist der Gott Ramân, wie ein von Pinches gefundenes Götterverzeichniss lehrt, welches unter den

mancherlei Namen, die Râmân im Westland, in Elam, in *Su-uḥ*
und sonst führte, für *Kaš-ši* oder die Kossäer den Namen *bur-
ia-aš* bezeugt [1].

ü-lam = *lidânu* »Kind«;
na-zi = *ṣillu* »Schatten«;
ka-⟨⟨ = *tukultu* »Hülfe«;
nim-gi-ra-bi = *eṭêru* »schirmen, schonen«;
⊨𝕀𝕀𝕀 d. i. *kid* oder *saḫ* = *Šamaš* »Sonnengott«;
ši-ḫu = *Marduk* »Merodach«;
ḫar-bê [2] = *Bêl* »Gott Bêl«;
ḫa-li ḫa-la) = *Gula* »Göttin Gula«;
šu-mu = *Šuḳamuna* »Gott Šuḳamuna«;
⊨⟨⟨⟨𝕀-*daš* = *Adar* »Gott Adar«;
sim-maš = *lidânu* »Kind«;
mê-li = *amêlu* »Mensch«;
bur-na = *kidinu* »Schützling«.

Wie *kurigalzu* = *rê'i biši* »sei mein Hirt« zu zerlegen, ist unsicher.

Diese Wörter und dazu noch *bugaš*. offenbar ein Gottesname
[im n. pr. *Nazibugaš*], sowie *Kar-du Duni-iaš*. der von den Kossäern
stammende Name der Umgegend von Babylon bez. Nordbabylonien
überhaupt, waren bislang die einzigen Reste. welche von der Sprache
der Kossäer erhalten waren. Sprachwissenschaftlich war hiermit kaum
etwas anzufangen; nur aus dem Wort *mêli* »Mensch« oder »Manu«
oder »Diener«, welches mit dem gleichbedeutenden *mulu* des sog.
Frauendialekts der sumerisch-akkadischen Sprache sowie mit semit.
babyl. *amêlu* אֶרֶל, zusammenklingt, glaubte man — gewiss allzu-
schnell — allerhand Folgerungen ziehen zu dürfen.

Als ich im März dieses Jahres in dem Arbeitszimmer der ägyp-
tisch-assyrischen Abtheilung des Britischen Museums mit der Collation einiger Keilschrifttexte beschäftigt war, nahm ich mit Mr. Theo.

---

1 Recht baldige Veröffentlichung dieser interessanten Tafel, auf welche Pinches in *Proceedings*, 6th February 1883, p. 72 anspielt, erscheint dringend er-
wünscht.

2 Die Lesung *bê*, nicht etwa *bat*, erhellt für das Zeichen ⤳ aus der Schreibung des S. 21 erwähnten Kossäernamens *Ḫar-bi-ši-ḫu* IV R 34, 44. 53.

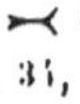

G. Pinches' gütiger Erlaubniss Gelegenheit, auch auf einige der zufällig daliegenden, erst vor kurzem durch Rassams Ausgrabungsarbeiten in das Museum gelangten Thontäfelchen einen Blick zu werfen, und bei dieser Gelegenheit blieb mein Blick an einer kleinen Thontafel haften, deren Inhalt Mr. Pinches wie mir sofort klar war — die Tafel enthielt augenscheinlich ein kleines kossäisch-semitisches Glossar. Ihr wahrer und voller Werth war freilich nicht ohne Weiteres klar, vielmehr schien sie zu dem schon durch die obigen Kossäernamen gebotenen Wortmaterial nur wenig Neues und Wichtiges hinzuzufügen. Ich selbst verlor die Tafel, von der ich mir mit der Erlaubniss meines geschätzten Fachgenossen eine Abschrift nahm, längere Zeit aus den Augen, völlig von den Vorbereitungsarbeiten zu meinem in London zu vollendenden und nunmehr glücklich vollendeten Assyrischen Wörterbuche in Anspruch genommen. Als ich indess meine Abschrift abermals prüfte, erkannte ich, dass diese kleine Tafel hauptsächlich durch Eine ihrer Zeilen berufen ist, in das Völker- und Sprachengewirre Babyloniens und der umliegenden Länder überraschend neues Licht zu werfen, und so erschien es mir angezeigt, eine öffentliche Besprechung dieses Rassam'schen

kossäisch-semitischen Glossars

durch die vorliegende kleine Abhandlung möglichst umgehend anbahnen zu helfen. Das „82.9—18" bezeichnete Thontäfelchen ist gegen 6 cent. breit, gegen 9 cent. lang, hellgrau, und prächtig erhalten: am Anfang der Vorderseite fehlen nur ganz wenige Zeilen, wie die Unterschrift lehrt, nur zwei. Die Schrift ist neubabylonisch. Ueber den unbeschriebenen Raum der einzelnen Zeilen sind Horizontallinien gezogen. Vorder- wie Rückseite enthalten in zwei, aber nicht durch eine senkrechte Linie getrennten, Hälften sich genau entsprechende Wortreihen. Ich gebe die Tafel in Umschrift und füge in den Anmerkungen zu diesem Texte für alle ihrer Lesung nach mehrdeutigen Zeichen die sonst noch möglichen Sylbenwerthe bei, beziehungsweise zu Zeichen, die als solche mir nicht ganz sicher scheinen, die etwa sonst in Betracht kommenden.

Z.	Kossäisch	Babylonisch	Bedeutung
Obv.			
1.	fehlt		
2.	]	⌊ilu⌋.	
3.	ši- [1 Zeichen]	ilu Sin	»Mondgott«
4.	sa- aḫ	ilu Šamaš	»Sonnengott«
5.	šú-ri- ia- aš	ilu Šamaš	»Sonnengott«
6.	ub-ri-ia- aš	ilu Râmân	»Luftgott«
7.	ḫu- ud[a]- ḫa	ilu Râmân	»Luftgott«
8.	ma- rad- daš[b]	ilu Adar[c]	»Gott Adar«
9.	gi- dar[d]	ilu Adar[c]	»Gott Adar«
10.	ǵa- la	ilu Gu-la	»Göttin Gula«
11.	ka- mul- la	ilu È-a	»Gott des Wassers«
12.	šú- ga- ab	ilu Nèrgal	»Löwengott«
13.	šú-ga-mu- na	ilu Nèrgal ilu Nusku	»Löwengott als Gott der Mittagssonne«
14.	dur[e]	ilu Nèrgal	»Löwengott«
15.	šú-gur[f] ra	ilu 	»Gott Merodach ....
16.	mi-ri-zi- ir	ilu Bèlit[g]	»Göttin Beltis«
17.	ba- aš- ḫu[h]	i- lu	»Gott«
18.	da- ka- aš	ka- ka- bu	»Stern«
19.	da-gi[i] gi	šàmu-ú	»Himmel«
20.	i- lu- lu	šàmu-ú	»Himmel«
21.	zi-in-bi- na	zi- na	?
22.	mi-ri-ia- aš	ir- ṣi- tum	»Erde«
23.	tu-ru-uḫ- na	šá- a- ru	»Wind, Sturm«
24.	ia- an- zi	šar- ru	»König«
25.	mu[k]- la	šar- ru	»König«
26.	ma- li	a- mi- lu	»Mensch«
27.	mè- li	ar- ⌊du⌋[l]	»Knecht«
Rev.			
28.	ku- uk- la	ab- du [[l]]	»Knecht«
29.	aš- lu- lu	bab- bu- ú[m]	?
30.	na- aš- bu[n]	ni- i- šú	»Name, Wesen, Leben«?
31.	ba°-ar- ḫu	ḳaḳ- ḳa- du	»Haupt«
32.	ḫa- mè- ru	šè- è- pu	»Fuss«
33.	sa- ri- bu[n]	šè- è- pu	»Fuss«
34.	ia- šú	ma- a- tum	»Land«
35.	aš- rak[p]	mu- du- ú	»weise«
36.	šir[q]	ḳa- aš- tu	»Bogen«
37.	è- mè	a- ṣu- ú	»herausgehen«

38.	na-	zi		ṣil-	lum			»Schatten«
39.	ka-			tu-	kul-		lum	»Hülfe«
40.	šá- ga- šal-	ti		nap-	šá-		ru	»Erlösung«
41.	nim[r]-gi-ra-ab			è-	ṭè-		rum	»schirmen, schonen«
42.	ú- zi-	ib		è-	ṭè-		rum	»schirmen, schonen«
43.	ḫaš[s]-	mar		ka-	su-		su	?
44.	si- im-	maš		li-	da-		nu	»Kind«
45.	šá- ri-	bu[n]		tu-	ul-	lu-	ú	»aufhängen, anhängen« z.B. den Köcher
46.	šim- [	di		na-	da-		nu ?	»geben«
47.	ki-			ki-	di-		nu	»Schützling«
48.	ni-	[ ]		rèš-	tu			»erster«
XLVIII	⊢ [	]		......an (?)	a- [1 Zeichen][t]			

a) lab. b) taš (ma-rat-taš). c) geschrieben nin ib. d) neubabyl. Zeichen für . e) neubabyl. Zeichen für . f) . g) . h) bag, bak. i) . k) oder das Zeichen bab, kur? l) fehlt nichts oder höchstens ein ganz schmales Zeichen. m) pap-pu-ú. n) pu. o) besser als ma. p) šal. q) . r) num. s) tar, kut, sil. t) Die Numerirung der einzelnen Zeilen ist im Original selbstverständlich nicht mitgegeben. Betreffs der Transcriptionsweise ist hervorzuheben, dass *š* = *sch* (ש) und *ḫ* = *ch* (ח, خ) ist. Ob in den kossäischen Wörtern *ḫ* nicht etwa einen dem ח nur verwandten Laut bezeichne (wie es im Sumerisch-Akkadischen z. B. *g* als tönender Spirant ist), muss spätere Untersuchung herausstellen.

Für die assyrischen Wörter dieses Glossars können wenige Bemerkungen genügen. Z. 18 beachte die Schreibung *ka-ka-bu* (sonst *kak-ka-bu*); man sprach also *kâkabu*. Z. 21 *zi-na* (*zè-na*?), zwischen Himmel und Erde stehend, weiss ich noch nicht zu erklären: der Form nach ist das Wort ein femininer Plural auf *â* = *ân*, welcher vor allem bei paarweise vorhandenen Körpertheilen gern angewandt wird, wesshalb man *â* vielfach geradezu für Dualendung hält. Das Wort *zînu* ist mir sonst nur noch I R 27 No. 2, 23 bekannt, wo von dem Thor des *zi-ni* des Palastes die Rede ist. Z. 30 *ni-i-šú* wird wahrscheinlich *nîšu* »Name, Wesen, Leben«, nicht etwa *nêšu* »Löwe« sein. Z. 35 *mu-du-ú*, sicher *mûdû* »weise, verständig«: denn das in der häufigen Phrase *ana mu'dê* »massenhaft« vorliegende ähnlich lautende Wort ist doch gewiss nur Plural von *mu'du* »Menge«. Z. 43 *kasûsu*, gemäss II R 37, 15e. 64e sicher ein Vogel und zwar eine Eulenart[1] (vgl. auch II R 25, 42b; 62, 13h). Ob das Wort freilich hier so zu fassen und es nicht etwa noch ein anderes Wort *kasûsu* gegeben (einen Verbalstamm *kasâsu* siehe II R 45, 7 f), muss dahingestellt bleiben.

Unter den kossäischen Wörtern begegnen wir zuvörderst einigen, welche wir bereits durch die kossäischen Königsnamen erschlossen hatten und welche nunmehr als zweifach bezeugt um so fester stehen. Ich meine die acht Wörter: 4. *sa-aḫ* »Sonnengott«, 10. *ga-la* »Göttin Gula«, 27. *mê-li* »Knecht«, 34. *ia-šu* »Land«, 38. *na-zi* »Schatten«, 39. *ka*- »Hülfe«, 41. *nim-gi-ra-ab* »schirmen«, 44. *si-im-maš* »Kind«. — Da *ia-šu* »Land« augenscheinlich mit semitischer Nominativendung versehen ist, so könnte dies auch der Fall sein mit den Wörtern der Zeilen 17. 20. 29. 30—33. 45: *bašḫu, ilulu, ušlulu, našbu, barḫu, hamêru, saribu, šaribu*. — 4. *sa-aḫ* »Sonnengott«: diese dankenswerthe Angabe macht für das Zeichen , welches an sich ebensowohl *kid* als *saḫ* gelesen werden könnte, die (oben S. 17 von mir anticipirte) Aussprache *saḫ* zweifellos. Sowohl in 5. *šu-ri-ia-aš* als in 6. *ub-ri-ia-aš* wird *ia-aš* als zweiter Theil eines Compositums abzutrennen sein, sodass der Sonnengott seinen Namen führt als *šu-ri* des Landes oder der Länder, Râmân den seinen als *ub-ri* des Landes oder der Länder. Beachte die Variante *ubri-iaš* neben *bur-iaš* (siehe oben S. 23). 8. *mu-rad-daš*, werthvolle Angabe, denn diese einfach syllabische Schreibweise darf wohl getrost auf die andere, ebenfalls auf *daš* ausgehende und ebenfalls einen Gottesnamen darstellende Schreibung -*daš* übertragen werden. Meine Lesung (oben S. 10) des Namens des Kossäerkönigs Nazimaraddaš gründet sich auf diese Angabe[2]. 13. *šu-ga-mu-na*. Der in den babylonisch-semitischen Texten wiederholt und zwar stets mit Schreibung *k* an Stelle des *g*, nämlich als *Šukamuna* vorkommende Gottesname wird hierdurch

1 Näheres siehe in meiner Schrift *The Hebrew Language viewed in the Light of Assyrian Research*, London 1883, p. 33.

2 Smith, *Assyrian Discoveries*, p. 250, las bereits ganz ähnlich *Nazi-murudas*, gestützt aber offenbar auf S[b] 88, wonach im Sumerisch-Akkadischen das Ideogramm unter anderem auch *muru(b)* gesprochen wurde.

als ursprünglich kossäisch erwiesen[1]. Es stimmt hierzu vortrefflich, dass sich Agum, der »König der Kossäer und Akkadier« gleichzeitig als »glänzenden Spross des Gottes *Šú-ḳa-mu-nu*« bezeichnet (V R 33 col. I 4; siehe oben S. 17). Ebendesshalb wurde auch für den Personennamen *m Šú-ḳa-mu-na-áḫ-iddi-na* oben S. 18 kossäisches Gepräge angenommen. Aus der Schreibung *šú-mu* ebendieses Götternamens in der Rassam'schen Königsliste IV 3 darf vielleicht geschlossen werden, dass man im Kossäischen, wie im Sumerischen, den Schlussconsonanten eines Wortes verklingen lassen konnte; *šu-mu* würde dann für *šu(g)-mu(n)* stehen. Würde sich diese Erklärung bewähren, so hätte das Kossäische auch den vocalischen Nominalauslaut gehabt wie das Sumerische: vgl. *šuga-muna*[2]. 16. *mi-ri-zi-ir*, ein Compositum mit ebenjenem *miri*, welches in *miri-iaš* Z. 22 »Erde« vorliegt? 18 und 19. Sind diese beiden Wörter für »Stern« und »Himmel« etwa in *da-kaš* und *da-gigi* zu trennen? und ist mit diesem *kaš* der kossäische Gottesname *Kaššû*, welcher in dem S. 14 f. erwähnten Königsnamen *m ilu Kaš-šu-ú-nádin-áḫú* erscheint, zu combiniren? 22: siehe zu Z. 16. 34. *iašu* »Land«; war *iáš* Sing., *iáš* dagegen (in *bur-iáš* = assyr. *bêl mâtâtē*, und *duniáš*) Plural? 24. *ianzi*. Dieses Wort scheint mir in dem S. 18 erwähnten und ebendesshalb als kossäisch charakterisirten Namen *Kašakti-ianzi* enthalten zu sein. 39: die Aussprache des Doppelzeichens 𒁹<< ist aus der babylonisch-assyrischen Schrift nicht klar; ich möchte, im Hinblick auf die, wie es scheint, ähnlich wie *Ka*-𒁹<<-*buriáš* und *Ka*-𒁹<<-*saḫ* gebildeten Königsnamen *Ka-ra-in-da-aš* und *Ka-ra-ḫar-daš*, vorschlagen, sie *ara*, das ganze Wort *ka-ara*, *kara* »Hülfe, Helfer« zu lesen[3]. Die Kossäernamen der Rassam'schen Königsliste IV 9 und 10 würden dann, wie auch in Kap. I bereits geschehen ist, *Karabu-*

1 Auch in dem Hymnus IV R 59, 23 b werden neben den babylonischen Gottheiten der Gott *ilu Šú-ḳa-mu-na* und (seine Gemahlin?) die Göttin *ilu Ši-ma-li-ia* um Vergebung angerufen.

2 Auf gleiche Verklingung des Schlussconsonanten führt vielleicht auch die Schreibung des kossäischen Namens der Landschaft um Babylon Karduniáš als *Kar-du* (= *Kar-du'n'-iáš*) auf dem Siegel Tukulti-Adars III R 4 No. 2, 2. Z. 11 ist der Name semitisirt zu *Kar-du-ni-ši*, *Kardunišu*. — Liegt vocalischer Nominalauslaut vielleicht auch vor in den kossäischen Wörtern der Zeilen 7. 10. 11. 15. 21. 23?

3 Pinches in *Proceedings*, 11th January 1881, p. 38, liest 𒁹<< *gi(?)-in(?)*.

riaš und *Kara-saḫ* zu lesen sein. 40. *šá-ga-šal-ti*, willkommene Erklärung des eben hierdurch als echt kossäisch erwiesenen Königsnamen *Šagašaltiaš*, voller *Šagašalti-buriaš* »Erlösung (Erlöster?) des Herrn der Länder«.

Die Auswahl der Wörter ist geschickt, und es ist charakteristisch, dass in diese kleine Liste kossäischer Wörter sofort auch die Hauptwaffe der bogenberühmten Kaššû, nämlich der Bogen, sowie der terminus technicus für das Anhängen des Köchers[1], mit aufgenommen ist. Dass die Liste nicht ausschliesslich zum Zwecke der Erklärung der kossäischen Königsnamen zusammengestellt worden, zeigt sich daran, dass Namen wie Karaïndaš, Nazibugaš, Karaḫardaš nach wie vor theilweise unaufgehellt bleiben. Das Verzeichniss beginnt mit zwölf Götternamen (Z. 1—16); von den beiden fehlenden war der erste vielleicht der des zu Z. 18 erwähnten Gottes Kaššû, wenn dieser, was wahrscheinlich, der Nationalgott der Kossäer war. Dieser Kaššû mag der Gott des Himmels gewesen sein. Es folgen dann, ähnlich wie S^b 1—4, die Wörter für Gott, Stern und Himmel (Z. 17—20), woran sich passend das Wort für Erde anschliesst (Z. 22). Dass (Z. 24—28) die Wörter für König, Mensch, Knecht beisammen stehen, begreift sich ebenso leicht wie die Zusammenordnung von Kopf und Fuss (Z. 31—33). Die Zeilen 38—44 endlich dienen wesentlich der Deutung kossäischer Königs- oder sonstiger Personennamen.

Was mir nun aber höchste Beachtung zu verdienen scheint, ist die Gleichung der Z. 24 unseres Glossars:

i a n z i = š a r r u »König«.

Diese Angabe dünkt mir wichtig genug, in einem besonderen Abschnitt behandelt zu werden.

b) Der kossäische Königstitel *ianzi*.

Auf seinem schwarzen Obelisk (Z. 93—95) erzählt der König Salmanassar II (860—824) wörtlich Folgendes:

»In meinem 16. Regierungsjahr überschritt ich den Zâb, zog nach

[1] Für das assyrische *tullû* vom »Anhängen« des Köchers, *išpatu*, siehe Asurb. Sm. 124, 53, und vgl. hebr. תָּלָה.

dem Land Namri. Mardukmudammiḳ, der König von Namri, machte sich, sein Leben zu retten, davon. Seine Habe, seine Truppen, seine Götter, brachte ich nach Assyrien. Den Janzû, den Sohn des Ḫanban[1], setzte ich zur Königsherrschaft über sie ein«.

Und weiterhin (Z. 110—126) lesen wir:

»In meinem 24. Regierungsjahr überschritt ich den unteren Zâb und stieg über das Gebirg Ḫašiḫar[2], hinabzuziehen nach dem Lande Namri. Janzû[3], der König des Landes Namri, fürchtete sich vor meinen mächtigen Waffen und, sein Leben zu retten, machte er sich davon. Seine befestigten Städte Siḫišalaḫ, Bît-tamul, Bît-riški und Bît-šêdi eroberte ich; seine Krieger tödtete ich, seine Beute führte ich fort, die Städte zerstörte, verwüstete, verbrannte ich mit Feuer. Die übrigen von ihnen machten sich davon ins Gebirg — die Bergspitze griff ich an, eroberte ich; ich tödtete ihre Krieger und brachte ihre Beute, ihren Besitz herab. Aus dem Land Namri brach ich auf, den Tribut der 27 Könige des Landes Barsua nahm ich entgegen. Aus dem Land Barsua brach ich auf, zog hinab nach den Ländern Mêsi, Amadai, Araziaš, Ḫarḫâr. Die Städte Kiakinda, Ḫaṣṣanabi, Êsamul, Kinablila nebst ihren umliegenden Ortschaften eroberte ich, ihre Krieger tödtete ich, ihre Beute führte ich fort. Die Städte zerstörte, verwüstete, verbrannte ich mit Feuer. Ein Bildniss meiner Majestät stellte ich auf in der Stadt Ḫarḫâra. Den Janzû, den Sohn des Ḫaban[4], schleppte ich nebst seiner vielen Habe, seinen Göttern, seinen Söhnen und Töchtern, seinen vielen Kriegern fort und brachte sie nach Assyrien.«

Wo dieses Land Namri oder Namar[5] gelegen war, erhellt im All-

1) *Ja-an-zu-ú* ohne Determinativ, *mâr m Ḫa-an-ban* (Z. 95).

2) *šâdû Ḫa-ši-ḫar* (Z. 111). Norris, *Dictionary* p. 1039, liest *Ḫarḫar* und bemerkt dazu: »*only half the letter*  *is engraved on the Obelisk*« — aber was in aller Welt giebt dann die Berechtigung *ar* statt *ši* zu lesen? Schraders Lesung *Charchar* (Keilinschriften und Geschichtsforschung, S. 169) ist, wie in den Nachträgen S. 532 hervorgehoben ist, blosser Druckfehler.

3) *m Ja-an-zu-ú* (Z. 112).

4) *m Ja-an-zu-u mâr m Ḫa-ba-an* (Z. 125).

5) Die Schreibung *mât Na-mar*, in welcher das nämliche, bislang nur in der Schreibweise *mât Nam-ri* (Salm. Ob. 93. 94. 111. 112. 119. 187. Co. 38 d. i. Lay.

gemeinen schon aus der eben mitgetheilten Stelle des schwarzen Obelisken: es lag ost- oder südostwärts vom unteren Zâb und den ihm benachbarten Gebirgszügen, also etwa in den Gebirgsthälern des Quellgebiets des Dijâlâ, des bekannten unterhalb von Bagdâd einmündenden Nebenflusses des Tigris. Noch genauer unterrichten uns aber die Schlusszeilen der Obelisk-Inschrift: ihnen zufolge zieht das assyrische Heer, vom Land Barsua kommend, in das — relativ niedriger gelegene — Land Namar hinab und verlässt darauf das Gebirg »durch die Pässe von Simêsi oberhalb des Landes Ḫalvan«[1]. Da dieses Ḫalvan (Ḫalvân) zweifellos das heutige an einem Zufluss des Dijâlâ gelegene Ḫulwân am Ausgang jenes Passes ist, über welchen die grosse Hauptstrasse von Medien nach Bagdâd führt[2], so ist das Land Namar sicher in den Gebirgsthälern des Dijâlâ und seiner Quellflüsse nord- und nordwestwärts von Ḫulwân (Alwân) zu suchen. Mit Recht bemerkt Schrader: »Vielleicht haben wir den Mittelort des Namrilandes repräsentirt zu suchen in jenen Ruinen der Ebene Ḫurin, am linken Ufer des Dijâlâ (Schirvân), von denen H. Rawlinson insbesondere berichtet, dass er dort eine Inschrift mit archaistisch-babylonischer Keilschrift gefunden habe«[3]. Diese Gebirgsgegenden zwischen Babylonien einer- und Medien wie Elam andrerseits, ja noch näher,

13, 9. Sams. IV 38. C^b Obv. 20. 44. Rev. 21. 22. 26. Sarg. Cyl. 14), bekannte, Land auf der Schenkungsurkunde Nebukadnezars I durchweg erscheint (col. I 47. 48. 51. 52. 55. II 6. 8. 10. 23. 24. 28. 29. 31. 48), entscheidet, wie Hilprecht unmittelbar erkannte, die auch Paradies S. 237 unentschieden gelassene Frage, ob *Nam-ri* oder *Zim-ri* zu lesen sei, zu Gunsten von *Nam-ri* (Schrader).

1) *ina ni-ri-bê ša Si-mê-si* (ohne Determinativ) *ina rêš mât Ḫal-ma-an û-ri-da* (Z. 190).

2) Vgl. Schrader, Keilinschriften und Geschichtsforschung S. 169. Paradies S. 205. Der Ort findet sich noch erwähnt Salm. Co. 80, worüber Näheres S. 32 Anm. 1.

3) A. a. O. S. 170 Anm. Zu der Babylonien benachbarten Lage des Landes Namar stimmt, dass das *mât Nam-ri* zugleich mit Chaldäa, Elam und den Aramäerstämmen unter den Bundesgenossen des babylonischen Königs Mardukbalâṭsuiḳbi erscheint, als dieser den vom Ṭurnat-Dijâlâ heranziehenden assyrischen König Šamširâmân am Ufer des Flusses Ṭâban bei der Stadt Dûr-Papsukal kampfbereit erwartet (Sams. IV 38). Für die genannten geographischen Namen siehe Paradies S. 186 f. 205. Das altassyrische Zeichen für »Fluss«, das Determinativ vor *Ṭa-ban* (so möchte ich jetzt lieber lesen anstatt *Da-ban*, Paradies S. 189 f.), ist I R 34, 41 falsch transcribirt.

gerade diese Gebirgsgegenden von Ḥulwân[1] sind nun aber die Wohnsitze, welche wir noch zu Sanheribs Zeit das Volk Kaššû einnehmen sehen. Wenn nun der König eines dem kossäischen Sprachgebiet so nächstbenachbarten, wahrscheinlich sogar noch innerhalb Kossäergebietes gelegenen Landes[2], wie des Landes Namar, den Namen Janzû führt, der kossäische Königstitel aber *ianzi* ist — liegt da nicht die Vermuthung nahe, es möchte der Name *Janzû* nur das semitisirte *ianzi*, der vermeintliche Eigenname also nur Königs t i t e l sein, entsprechend dem Gebrauch des ägyptischen »Pharao«?

Es lässt sich nun aber geradezu b e w e i s e n, dass das Land Namar, und zwar schon in früher Zeit, Kossäergebiet war, nämlich durch die Schenkungsurkunde Nebukadnezars I, welche ebenfalls den jüngsten Ausgrabungsarbeiten Rassam's zu verdanken ist. In diesem Staatsdocument, welches die Form eines schlanken weissen Steinblockes hat, bestimmt der babylonische König, der Zeitgenosse des assyrischen Königs Ašûrrêšiši (c. 1130), seinem General Rêti-Marduk zur Belohnung für seine im Krieg wider Elam bewiesene hervorragende Tapferkeit, dass alle im Land Namar belegenen Ortschaften seines väterlichen Hauses, welche vordem frei gewesen, später aber durch Feindeshand wieder in die Abhängigkeit des Landes Namar gekommen waren, von neuem und für alle Zeiten Freistädte, einzig und allein

1) Während Salm. Co. 80 berichtet wird, dass der von Salmanassar II 851 geschlagene babylonische Thronusurpator Mardukbêlusâtē ins Gebirg nach der Stadt *âlu Ḫal-van* geflohen sei, heisst es in der Inschrift der Bronzethore von Balawât (V 1—2), er habe sich nach dem Gebirg des Landes *mât Ja-su-bi* gewandt und sich in der Stadt *âlu Ar-man* befestigt. Mögen hier Ḥalvan und Arman (Arvan) einander gleichzusetzen sein oder nicht — auf alle Fälle lag die Stadt Ḥulwân im Lande J a s u b i, ebendamit aber, gemäss der oben S. 2—4 mitgetheilten Sanheribstelle, im K o s s ä e r l a n d. Hierzu stimmt, dass V R 12 No. 6 der »vor dem Gebirg« gelegene Ort *Ár-man* mit *P a - d i n* identificirt wird, der König Agum aber, »der König der K o s s ä e r und Akkadier, der König des weiten Babylonien« sich auch »König des Landes P a d a n und Alman« nennt. Die Stelle beweist von neuem, dass die Kossäer drunten in Babylonien mit den Kossäern droben in den medischen Grenzgebirgen Ein Volk sind. — Zum *mât Ja-su-bu* siehe noch II R 53, 16 a.

2) Es ist in dieser Hinsicht auch beachtenswerth, dass ebenso wie bei Sanherib in enger Verbindung mit den Ländern Èllipi und Medien das Land des Volkes K a š š û erscheint, bei Sargon (Cyl. 14) zwischen Medien und Èllipi das Land N a m a r erwähnt wird (*mât Ma-da-ai mât Nam-ri mât Èl-li-bi*).

dem Hause Karzia's, dessen Familienoberhaupt damals Rêti-Marduk war, zugehörig sein sollten. Am Schlusse dieses Freibriefes nun werden unter den Göttern, deren Fluch auf jedweden herabbeschworen wird, der sich gegen diese Urkunde und ihren Inhalt vergehe, auch die Göttin »Šûmalia, die Herrin der glänzenden Berge, welche die Spitzen bewohnt, auf den Höhen (?) einherschreitet«, und dazu Râmân, Nêrgal und Nanâ als »die Gottheiten des Landes Namar« angerufen[1] — Šûmalia oder Šimalia, die hier als oberste Gottheit des Landes Namar erscheint, ist aber, wie die Rassam'sche Königsliste (IV 4) zeigt, eine kossäische Göttin[2].

Meine Annahme, dass Janzû, der vermeintliche Eigenname des Königs von Namar, nichts weiter sei als der kossäische Königstitel *ianzi*, wird aber endlich zur Gewissheit durch die folgende Beobachtung, welche gleichzeitig für die Geschichte der Kossäer von Wichtigkeit ist. In den Fasten des Königs Sargon (722—705) lesen wir (Khors. 54):

»Von Janzû[3], dem König des Landes Naïri, empfing ich in seiner

1) *ilu Šû-ma-li-ia bê-lit šadê êl-lu-ti a-ši-bat rê-šê-ê-ti ka-bi-sa-at gup(kup?)-pa-a-ti ilu Râmân ilu Nêrgal u ilu Na-na-a ilâni ša mât Na-mar* (II 46—48). Unter den »glänzenden« (nicht »hohen«) Bergen werden hier wie sonst die Schneeberge zu verstehen sein. In den Eingangsworten der Urkunde nennt sich Nebukadnezar I unter anderem auch *ša-li-lu Kaš-ši-i* »Plünderer der Kossäer« — auf Kosten der Kossäer, der ursprünglich herrschenden, aber später zeitweise semitisch-babylonischen Statthaltern (siehe hiefür S. 35 f.) unterstellten Bewohnerschaft des Landes Namar geschah auch die in Rede stehende Unabhängigkeitserklärung gewisser Städte von Namar. — So glücklich Nebukadnezar I in seiner nur zweijährigen Regierungszeit (siehe S. 44 nebst Anm. 3) gegen die Elamiten, Kossäer und gegen das Westland gewesen (er nennt sich *ka-šid mât a-ḫar-ri-i*), so unglücklich war er gegen Assyrien. Siehe die synchronistische Geschichte II R 65 Obv. col. II 2—13. Nachdem schon ein erster Versuch, der assyrischen Grenze sich zu nähern, ziemlich fehlgeschlagen war — Nebukadnezar glaubte gegen Ašûrrêšiši's Streitwagen einen offenen Kampf nicht wagen zu dürfen und zog sich nach Verbrennung seiner eigenen Kriegsmaschinen, die ihm wohl beim Rückzug hinderlich gewesen wären, eilends nach Babylonien zurück —, wurde er, als er abermals mit Wagen und Reisigen gegen die assyrische Grenze heranzog, von Ašûrrêšiši gänzlich und mit schwerem Verlust an Mannschaft und Kriegsgeräth geschlagen.

2) Siehe oben S. 24 und vgl. S. 28 Anm. 4. Die Göttin *ilu Ši-ma-li-ia* wird auch in der synchronistischen Geschichte (Ergänzungsfragment zu Rev. col. IV) erwähnt: Šamši-Râmân III (824—811) führte bei seiner Invasion Akkads neben anderen Gottheiten auch diese Göttin mit fort.

3) *m Ja-an-zu-ú* Khors. 54; ebenso Botta 77, 4. 146, 18.

befestigten Stadt Ḫubuškia Pferde, Rinder und Schafe als seinen Tribut«.

Auch wo dieses Land Ḫubuškia gelegen war, sind wir trefflich unterrichtet: das von Kelaḫ (Nimrûd) ausgesandte Heer Salmanassars II überschreitet den oberen Zâb, zieht gegen Ḫubuškia (Salm. Ob. 161) und weiter durch das Land Malḫis[1] nach Van, und umgekehrt betritt das über Ḫubuškia heimkehrende Heer bei der Stadt Arbela die assyrische Ebene (Salm. Mo. Rev. 64 f.). Ebenso empfängt Šamširâmân auf seinem Zug hinauf nach Naïri, nach Ueberschreitung des Zâb und des Berges Ṣilar, zuerst den Tribut von Ḫubuškia (Sams. II 37). Nach diesen und anderen Stellen mehr kann Stadt und Land Ḫubuškia[2] nur südwestwärts vom Urumia-See gelegen haben. Zugleich scheint sich das Land in der Richtung nach Osten nach dem Lande Namar hin ausgedehnt zu haben; denn Salmanassars im Jahre seiner Thronbesteigung unternommener Kriegszug führte ihn von dem Namar nächstbenachbarten Lande Simêsi[3] durch gewaltig hohe Berge sofort nach der Stadt Ḫubuškia (Salm. Mo. Obv. 20), von wo es dann weiter nach dem »Meer des Landes Naïri« oder dem Van-See ging. In diesem vom Lande Namar nicht allzu fernen Ḫubuškia also abermals

1) So, *mât Ma-al-ḫi-sa-a-a*, bietet das Original (Salm. Ob. 163); also *Malḫis*, nicht *Madachir*, wie Schrader, Keilinschriften und Geschichtsforschung. S. 163, durch Layard irregeführt, liest.

2) Der Name wird auf wesentlich doppelte Weise geschrieben: a) *âlu Ḫub-uš-ki-a* Salm. Co. 37 (d. i. Lay. 43, 8), *mât Ḫub-uš-ki-a* Salm. Ob. 44. — nom. gent. *mât Ḫub-uš-ka-a-a* (var. *ia*) Asurn. I 57, *âlu Ḫub-uš-ka-a-a* Asurn. II 80. b) *âlu Ḫu-bu-uš-ki-a* C[b] Obv. 16. Salm. Mo. Obv. 20. 23. Khors. 54. Botta 77, 4, *âlu Ḫu-bu-uš-ka-a* Salm. Ob. 161. 162, *mât Ḫu-bu-uš-ki-a* C[b] Obv. 26. 33. 34. — nom. gent. *âlu Ḫu-bu-uš-ka-a-a* Salm. Ob. 162, *mât Ḫu-bu-uš-ka-a-a* Salm. Ob. 177. Sams. II 37. — Könige von Ḫubuškia waren zur Zeit Salmanassars II und zwar während seiner ersten Jahre *m Ka-ki-a* Salm. Mo. Obv. 20 oder *m Ka-a-ki* Salm. Mo. Rev. 64, während seines 30. und 34. Jahres *m Da-ta-na* Salm. Ob 162, *m Da-ta-a* Salm. Ob. 177; zur Zeit Šamširâmân's *m Da-di-i* Sams. II 37. — Betreffs der Lage von Ḫubuškia bemerkt schon Norris, *Dictionary* p. 403, richtig: *The place must be on the northeast of Nineveh, among the mountains near the lake Van.* Nach Lenormant und ebenso nach Schrader, Keilinschriften und Geschichtsforschung S. 164, lag das Land Ḫubuškia in dem durch »die Biegung des oberen Zâb gebildeten Winkel zwischen Zagros (Choatras) und diesem Fluss«.

3) Siehe für dieses Land Simêsi mit der Hauptstadt Aridi oben S. 31 und vgl. Sams. II 42.

ein König Janzû und zwar in den Jahren 715 und 714[1], also 130 Jahre nach dem Janzû zur Zeit Salmanassars II (844)! Der Beweis, dass Janzû beidemal nicht Eigenname, sondern Königstitel, nämlich der kossäische Königstitel *ianzi* sei, scheint mir hiermit erbracht. Selbstverständlich wird hierdurch das Land Ḫubuškia oder gar die ganzen Länder Naïri noch nicht sofort zu Kossäergebiet: nur dass die Kossäer zeitweilig auch in dem Nachbarlande die Macht an sich gerissen, folgere ich aus den Sargonsstellen, und dieser Annahme steht nichts im Wege.

Aber nicht allein das Land Namar — ein ziemlich grosses Gebiet, da Salmanassar nicht weniger als 250 zu ihm gehörige Ortschaften zerstört zu haben sich rühmt[2] — und, zeitweilig wenigstens, das Land Ḫubuškia werden durch das Eine Wort *ianzi* »König« in engste Verbindung mit den Kossäern gesetzt, sondern noch ein dritter geographischer Begriff, nämlich Bît-Ḫamban »das Haus des Ḫamban«. Janzû, der König von Namar zur Zeit Salmanassars II (844 und 835), ist charakterisirt als Sohn des Ḫanban oder Ḫaban. Auf dem Freibrief Nebukadnezars I aber, welcher als wichtiges Staatsdocument von zwölf der höchsten Staatswürdenträger und schliesslich vom König selbst unterzeichnet ist, figurirt unmittelbar vor dem König ein gewisser Bêlnâdinšum, Statthalter von Namar, aber ebenfalls charakterisirt als Sohn des Ḫabban[3]. Es ist ohne Weiteres klar, dass wenigstens bei dem König Janzû die Bezeichnung »Sohn des Ḫanban« nicht den Eigennamen des Vaters, sondern den Stammvater des ganzen Hauses darstellt, und nicht minder klar, dass diese Ḫabbaniten zu dem überwiegend kossäischen Land Namar in besonders naher Verbindung standen. Das Haus Ḫamban mag von allem Anfang an schon semitisch gewesen sein[4], aber es war offenbar die reichst-

1) Die erste Tributleistung des Janzû von Ḫubuškia fand im 7. Jahr Sargons statt, unmittelbar nachdem der assyrische König durch Wegführung des Daja'ûku (Dejokes) Ruhe im Land Van wiederhergestellt hatte; siehe Botta pl. 74 bis. Eine zweite Tributleistung wird aus dem 8. Jahr Sargons berichtet; siehe Botta pl. 77, und vergleiche zu beiden Stellen Oppert, *Les inscriptions de Dour-Sarkayan*, Paris 1870, p. 32 und 33.

2) Salm. Ob. 189.

3) *m ilu Bêl-nâdin-šum mâr m Ḫab-ban ša-lat mât Na-mar* (II 23).

4) Es könnte dies nicht befremden. Aehnlich wie die elamitische Ebene (siehe

begüterte, mächtigste und angesehenste Familie vom Ufer des Tigris bei Bagdâd[1] bis hinauf in das Land Namar unweit Ḥulwân. Daher gehörten zumeist ihr die Statthalter von Namar wie — zur Zeit der Selbständigkeit des Landes — die Könige von Namar an, und es ist nur natürlich, dass diese vom babylonisch-semitischen Joch freigewordenen Könige von Namar sich sonderlich auf die vorwiegend

Paradies S. 320, war auch das ursprünglich und wesentlich kossäische Land Namar von alter Zeit her stark mit babylonischen Semiten bevölkert; daher begegnen wir schon zu Nebukadnezars I Zeit Ortschaften im Lande Namar mit semitischen Namen, z. B. Bît-Šamaš, ebenso zur Zeit Salmanassars II, z. B. Bît-riški (zu *riško*, *riṣku* = רִשְׁקָא, siehe meine Assyrischen Studien S. 127) und Bît-Sêdi (Salm. Ob. 114. 115; s. o. S. 30), und zur Zeit Sanheribs, z. B. Ḫar-dišpi (Sanh. I 70. II 2; s. o. S. 3; *dišpu* heisst im Babylonisch-Assyrischen »Honig«). Beachte auch den semitisch-babylonischen Namen des von Janzû gefolgten Königs von Namar, Marduk-mudammiḳ (Salm. Ob. 94). Dass aber die Ḫabbaniten von Haus aus wirklich semitisch waren, schliesse ich aus den mancherlei Namensformen des Begründers der Familie: vgl. *m Ḫab-ban* (Urkunde Nebukadnezars I, col. II 23. 1 Mich. col. I 13), *m Ḫa-an-bi* (III R 41 col. I 28), *m Ḫa-an-ban* (Salm. Ob. 95), *m Ḫa-ba-an* (Salm. Ob. 125); *Bît-m Ḫab-ban* (1 Mich. I 3. 10. 12. II 5), *Bît-m Ḫa-an-bi* III R 41 col. I 2. 3. 7. 11, *mât Bît-ḫa-am-ban* Tig. jun. Obv. 29. 34. Sarg. Cyl. 15. Die Grundform des Namens scheint *Ḫanbi* oder *Ḫanban* zu sein; zum Stamm *ḫanâbu* siehe vor allem V R 19, 6—9 a. b; zur Endung vgl. den Wechsel von *Za-bi* (*ba*) und *Za-ban* »Fluss Zâb« Sams. II 34, ferner den Stadtnamen *Za-ban*, *Zab-ban*, *Za-am-ba-an* (siehe Paradies S. 203), und den Kanalnamen *Ṭâ-ban* oben S. 34 Anm. 3. Wenn Oppert-Ménant in ihren *Documents juridiques* den Namen Ḫabban auf dem Michaux-Stein *Kil-lim*, auf der Urkunde III R 41 *Ḫa-an-kas* lesen, so geben sie diese theilweise geradezu falschen Lesungen jetzt wohl auf.

1 Dass das »Haus Ḫamban« bis an den Tigris reichte, lehrt die Schenkungsurkunde 1 Mich. col. I, der zufolge die am Kanal Mê-kal-kal (Mê-kal-dan?) unweit Bagdâd gelegene Stadt Kar-Nabû in »Bît-Ḫabban« lag. Für den genannten Kanal siehe Paradies S. 189. Zu dem auf ebendieser Urkunde I 8 genannten (kossäischen?) Namen *Bît-m Tu-na-mis-saḫ* vgl. IV R 41, 22a und beachte *Transactions* V, 444. Die unfern der Ruinen von Ktesiphon entdeckte, 1 Mich. bezeichnete und I R 70 veröffentlichte Urkunde betrifft die Mitgift, welche der Ḫabbanite Ṣir-uṣur seiner Tochter Dûr-Šarrukînâiti, der Braut des Ṭâb-asâp-Marduk, ausgesetzt hat. Der Bräutigam, welcher unter Nebukadnezar I Statthalter der Stadt Ḫalvân gewesen war, war zur Zeit seiner Verheirathung, wie auch im 1. Jahr Marduknâdinâḫês, Botschafter. Der Name der Tochter, die nach der babylonischen Sargonsstadt benannt ist, und der Name des Vaters Ṣir-uṣur d. i. »o Schlangengott, schütze« lehren, dass die Familie der Ḫabbaniten auch mit dem eigentlichen Babylonien eng verwachsen war; denn der Schlangengott (beachte auch 1 Mich. I 22) war, wie wir jetzt aus dem Freibriefe Nebukadnezars I (II 49) wissen, Stadtgott der unfern Sepharwaim gelegenen babylonischen Stadt Dêr (noch heutzutage Ruinenstätte Dêr). — Einen andern »Sohn des Ḫanbi«, Namens Amêl-Bêl, siehe III R 41 col. I 28.

kossäische Bevölkerung ihres Landes stützten und darum geradezu den kossäischen Königstitel Janzû annahmen. Auch bei Tiglathpileser II und Sargon[1] erscheint das »Haus Ḫamban« eng mit dem Lande Namar verbunden.

Durch alle diese von mir aufgezeigten Beziehungen der Kossäer nicht allein zu Babylonien, sondern auch zum Land Namar, zur Landschaft Bit-Ḫamban, ja zeitweise sogar zu Ḫubuškia hart an der Grenze Assyriens gewinnt dieses Volk der Kossäer natürlich mit Einem Mal weit höheres geschichtliches Interesse als es, auf die Thäler des Zagrosgebirges zwischen Elam und Medien beschränkt, beanspruchen konnte, und die Frage drängt sich unmittelbar auf, ob sich nicht über die Herkunft und Nationalität dieses Volkes etwas aussagen lasse. Für die Beantwortung dieser Frage ist unser einziges Hülfsmittel die kossäische S p r a c h e und deren etwaige Verwandtschaftsverhältnisse.

Bevor ich indess zu dieser Untersuchung fortschreite, möchte ich noch auf ein anderes Wort in dem Rassam'schen kossäisch-semitischen Glossar aufmerksam machen, welches, wenn auch in geringerem Grade als *ianzi*, immerhin Beachtung verdient, ich meine Z. 43: *ḫaš-mar* = *kasûsu*. In den Annalen der assyrischen Könige geschieht wiederholt bei Grenzbestimmungen einer Oertlichkeit Namens Ḫašmar Erwähnung. So rühmt sich Ašurnâṣirpal, dass er »von dem Pass des Landes (bez. der Stadt) Babet bis zum Land (var. zur Stadt) Ḫašmar alle Bewohner zu den Unterthanen seines Landes gerechnet habe«[2]. In welcher Richtung dieses Ḫašmar im Allgemeinen zu suchen ist, lehrt die grosse Monolithinschrift Ašurnâṣirpals, in welcher (col. II 49 ff.) der König berichtet, er sei von Ninewe aufgebrochen, habe den unteren Zâb überschritten, sei in den Pass der Stadt Babet eingezogen, habe den Fluss Râdânu und weiter den Ṭurnat[3] überschritten und habe dann Verwüstung verbreitet bis an den Pass des Landes Ḫašmar[4]. Ḫašmar muss hiernach in der Richtung der medischen Grenze gelegen haben.

1) *mât Nam-ri mât Bit-sangibûti mât Bit-ḫa-am-ban* (Tig. jun. Obv. 29. 34). *mât Nam-ri mât Êl-li-bi mât Bit-ḫa-am-ban* (Sarg. Cyl. 14 f.).

2) *adi mât* (var. *âlu*) *Ḫaš-mar* (Asurn. Stand. 11).

3) Siehe für beide Flussnamen Paradies S. 186.

4) *a-di ni-rib ša mât Ḫaš-mar* (Asurn. II 59).

Und noch Bestimmteres lehrt die Cylinderinschrift Sargons, in welcher der assyrische König sich rühmt, »vom Land Ḫašmar[1] bis nach *mât Ši-bar-pat-ti* das ferne Medien im Osten, die Länder Namri, Ellipi, Bît-ḫamban, Parsua, Minni, Urarṭu, Kašku, Tabal bis zum Land Musku erobert« zu haben — Ḫašmar ist hiernach eine Oertlichkeit noch etwas östlicher als Medien selbst und Elams Grenzgebiet Ellipi, trifft also ihrer Lage nach gerade mit der Ostgrenze des Kossäerlandes nach den klassischen Schriftstellern zusammen. Es liegt nahe, in diesem *Ḫašmar* ein kossäisches Wort zu suchen und es mit dem *ḫašmar* unseres Glossars zu combiniren. Ich thue dies um so zuversichtlicher, als ebendieses Wort *Ḫašmar* als Personenname sich findet, nämlich in dem oben S. 14 f. Anm. ausführlich besprochenen Fragment eines Königsverzeichnisses, und zwar als Vater jenes Königs, welcher zwischen Simmaššiḫu und Kaššûnâdinâḫû regierte — der Name *Ḫašmar* also mitten in der semitisch-kossäischen Periode! Welche Bedeutung kossäisch *ḫašmar* gehabt haben mag, muss noch dahingestellt bleiben, da sein semitisches Aequivalent *kašûšu* nicht klar ist. Das Kossäergebiet erstreckte sich demgemäss von Ḫašmar an der medisch-elamitischen Grenze im Osten bis nach dem Gebirge Jašûbi oder zum Pass von Ḫulwân im Westen. Von diesem ihrem Stammland aus breiteten sich Kossäerscharen noch vor 1500 südwärts bis in das Innere Babyloniens aus und für eine Weile um 720 noch weiter westwärts bis südwestlich vom Urumia-See. Ihr Stammland aber zwischen Ekbatana und Babylonien behaupteten die Kossäer noch zur Zeit Alexanders des Grossen.

c) Kossäisches Wörterverzeichniss.

aš-rak (*šal?*) weise.
aš-lû-lu = ass. *babbû*.
i-lu-lu Himmel.
in-da-aš im Namen *Kara-indaš*.
ub-ri-ia-aš Gott Râmân, als der *ubri* d. i. Herr (s. u. *bur*) der Länder.
u-zi-ib schirmen, schonen.

1 *iš-tu mât Ḫa-aš-mar* (Sarg. Cyl. 14). Diese Schreibung lässt keinen Zweifel, dass [illegible]-*mar* nicht etwa *Kut-mar* (wie z. B. Pinches in *Proceedings*, 11th January 1884 p. 42, den kossäischen Personennamen liest), sondern *Ḫaš-mar* gelesen werden muss. — Ist *Na-mar* etwa eine Bildung wie *Ḫaš-mar*?

u-lam Kind.
ê-mê herausgeben.
ba-aš-ḫu Gott.
ba-ar-ḫu Haupt.
bu-ga-aš ein Gott, im Namen *Nazi-bugaš*.
bur Herr, in *bur-iâš* Herr der Länder.
bur-na Schützling.
gi-dar Gott Adar.
da-gi-gi Himmel.
da-ka-aš Stern.
dur Gott Nêrgal.
dun in *Kar-duni-iâš*.
ka-šak-ti im Namen *Kašakti-ianzi*.
kar in *Kar-duni-iâš*: oder ist *kar* semitisch?
ka-ara (? Hülfe, Beistand.
ka-mul-la Gott Êa.
ku-uk-la Knecht.
tu-ru-uḫ-na Wind, Sturm.
ḫaš-mar = ass. *kasûsu*.
ḫa-la, *ḫa-li* Göttin Gula.
ḫar-bê (*bi*) Gott Bêl.
ḫar-daš im Namen *Kara-ḫardaš*.
ḫa-mê-ru Fuss.
ḫu-ud (lah)-ḫa Gott Râmân.
zi-ir in *mi-ri-zi-ir* Erde, s. d.
zi-in-bi-na = ass. *zi-na* (*zê-na*).
sa-aḫ Sonne, Sonnengott.
su-ri-bu Fuss.
si-im-maš Kind.
ša-ga-šal-ti Erlösung.
ša-ri-bu aufhängen.
ši-ḫu Gott Merodach.
šir Bogen.
ši-i-ma-li-ia Berggöttin.
šu-ga-ab Gott Nêrgal.
šu-ga-mu-na Gott Nêrgal-Nusku.
šu-gur-ra ein Gott.
šu-ri-ia-aš Sonne, Sonnengott, als der *šuri* der Länder.
šu-ma-li-ia = *ši-i-ma-li-ia*, s. d.
ma-li Mensch (auch enthalten in *ši-i-ma-li-ia*?).
ma-rad-daš Gott Adar.
mi-ri in *mi-ri-zi-ir* Göttin Beltis und *mi-ri-ia-aš* Erde.
mê-li Knecht.
mu-zi Schatten.
na-aš-bu Name, Wesen, Leben (?).
nim-gi-ra-bi (*nim-gi-ra-ab*) schirmen, schonen.
ia-aš (*ia-šú*) Land; vgl. auch *mi-ri-ia-aš*.
ia-an-zi König.

Ob der Name der Stadt *alu* *Si-ḫi-šu-la* (sic!)*-aḫ* im Lande Namar (Salm. Ob. 114) kossäisch ist, wage ich so wenig wie für die im Kossäerland gelegene Stadt *alu* *Bit-ki-lam-za-aḫ* (Sanh. I 70. 77) zu entscheiden.

d) Kossäische Sprachverwandtschaften?

Die Frage nun, ob das Kossäische zu irgend einer anderen Sprache in verwandtschaftlicher Beziehung stehe, ist ein linguistisches Räthsel, für dessen Lösung ich um die Beihülfe anderer Sprachforscher werbe. Freilich ist vielleicht die Unterlage von nur etwa vierzig sicheren Wörtern zu einer sicheren Lösung überhaupt nicht hinreichend, zumal da über der kossäischen Formenbildung zur Zeit noch tiefstes Dunkel liegt, und welch ausserordentliche Vorsicht in der Vergleichung von Wörtern nach blossem Gleichklang vonnöthen ist, zeigt von neuem, nachdrücklichst warnend, kossäisch *šuriaš* »Sonne«, welches mit sanskritischem *sûrias* »Sonne« sich völlig deckt und dennoch, aus *šuri* und *iaš* »Land« zusammengesetzt, grundverschiedenen Ursprungs ist. Indess, sollte sich auch keine positive Lösung erzielen lassen, so scheint mir das kossäische Glossar doch bereits einige negative Schlüsse von nicht geringer Bedeutsamkeit zu gestatten.

Die bislang übliche, obwohl stets mit Vorbehalt ausgesprochene, Ansicht betreffs der Nationalität der Kossäer ging dahin, dass sie mit der nichtsemitischen, sog. sumerisch-akkadischen Bevölkerung Babyloniens verwandt seien. So sagt noch Schrader in der 2. Auflage von »Keilinschriften und das Alte Testament« (S. 89 Anm.), die »Vermuthung, dass die Kassi sumerisch-akkadischer Nationalität waren, dränge sich auf«. Prüfen wir daher zunächst diese vermeintliche Verwandtschaft des Kossäischen mit dem Sumerischen.

1 Verwandtschaft des Kossäischen mit dem Sumerischen?

Diese Streitfrage scheint mir jetzt kurzerhand entschieden werden zu können.

Deutsch	Kossäisch	Sumerisch
Himmel	*ilulu, dagigi*	*ana*
Stern	*dakaš*	*mulu*
Gott	*bašḫu*	*dingêr*
Sonne	*saḫ*	*babbar*
Mensch	*mali*	*lu*
König	*ianzi*	*lugal*
Herr	*buri, ubri*	*u*
Knecht	*mêli, kuklu*	*êru*
Schützling	*burna*	*u'm'bara*
Kind	*ulam, simmaš*	*dumu, dû*
Erde	*miriaš*	*kin, ki*
Land	*iaš*	*kur*
Wind	*turuḫna*	*imi, gêr*
Haupt	*barḫu*	*sag*
Fuss	*ḫamêru, saribu*	*gêr*

Deutsch	Kossäisch	Sumerisch
Bogen	*šir*	*pan*
Schatten	*nazi*	*giš-gè*
Erlösung	*šagašalti*	*namburu*
herausgehen	*ème*	*è*
schirmen, schonen	*uzib, nimgirab*	*kar*
aufhängen	*šaribu*	*lal*

Die Gegenüberstellung dieser Wörter reicht, glaube ich, hin, um für alle Zeiten die Frage nach der Verwandtschaft des Kossäischen mit dem Sumerischen mit Nein zu beantworten. Der Wortschatz beider Sprachen ist ein so gründlich verschiedener, dass der Anklang von *mali* »Mensch« an *mulu*, wie im sog. »Frauendialekt« des Sumerischen der »Mensch« heisst, nicht länger in Betracht kommt. Dass das semitisch-babylonische *amêlu, avêlu* »Mensch« mit dem nichtsemitischen *mulu* etymologisch gar nichts zu thun hat, dass ersteres vielmehr ein gut semitisches Wort ist, bemerke ich beiläufig nachdrücklich.

Von nicht minderem Interesse ist nun aber auch die zweite Frage:

2) Verwandtschaft des Kossäischen mit dem Elamitischen?

Herodot nennt bekanntlich das vom Choaspes durchflossene Land mit der Hauptstadt Susa γῆ oder χώρη Κισσίη, seine Bewohner Κίσσιοι[1], und es liegt nahe, für diese Κίσσιοι Zusammenhang und Verwandtschaft mit den Κοσσαῖοι anzunehmen[2]. Freilich ist von vornherein festzuhalten, dass, selbst die Richtigkeit dieser Namenscombination und damit die Existenz »elamitischer« Kossäer zugegeben, dies keinerlei Folgerung für die Zeit des alten elamitischen Reiches und dessen Sprache, das sog. Elamitische (oder Susische), zulässt. Die Frage, ob es schon in der alten Zeit, in den Jahrhunderten vor Susa's Eroberung und Zerstörung durch Aššurbânipal um 642 v. Chr. ein kos-

1) γῆ Κισσίη (Herod. V, 49), χώρη Κισσίη (V, 52. VI, 119); Κίσσιοι (III, 91. VII, 62. 86. 210). Ob die Dionys. Perieg. 1014. 1015 jenseit und nördlich von Babylon (ὑπὲρ Βαβυλῶνος ἐπὶ πνοιὴν βορέαο) erwähnten Κισσοί mit diesen Κίσσιοι oder aber mit den Κοσσαῖοι in nähere Verbindung zu bringen sind, lasse ich dahingestellt.

2) Vgl. z. B. Kiepert, Lehrbuch der alten Geographie, S. 139.

säisches Volkselement in Elam gegeben und ob dieses gar die Herrschaft geführt, bleibt nach wie vor eine offene.

Betreffs der Sprache des alten Elam bleiben wir, da die elamitischen Backsteininschriften noch immer ihrer Entzifferung harren, einstweilen wesentlich auf die Eigennamen angewiesen, welche in der babylonisch-assyrischen Literatur erwähnt sind.

Für die Namen elamitischer Gottheiten kommt zunächst II R 57, 46—50 c. d in Betracht, wonach der Gott Adar[1] in Elam die Namen führte: *Dì[2]-mèš*, *A-da-e-ne*, *Šu-ši-na-ak*[3], *Da-ag-ba-ag*, *As-ge*[4]*-a*. Ferner V R 6, 33—43. Dieser Stelle gemäss führte der König Ašurbânipal aus dem eroberten Susa, zugleich mit dem Stadtgott von Susa, die Bildnisse der folgenden Gottheiten (*ilu*) weg: *Šu-mu-du*, *La-ga-ma-ru*, *Pa-ar-ti-ki-ra*, *Am-man-ka-si-bar*, *U-du-ra-an*, *Sa-pa-ak* (diese waren Lieblingsgottheiten der Könige); *Ra-gi-ba*, *Su-un-gam-sa-ra-a*, *Ka-ar-sa*, *Ki-ir-sa-ma-as*, *Šu-da-'a-nu*, *A-a-pa-ak-si-na*, *Bi-la-la*, *Pa-ni-in-tim-ri*, *Si-la-ga-ra-a*, *Na-ab-sa-a*, *Na-bir-tu*, *Ki-in-da-kar-bu*. Die Götterliste II R 54 No. 5, 65, ergänzt durch ein Fragment der Rassam'schen Sammlungen, lehrt sodann, dass die elamitische Repräsentantin der babylonischen Zarpanitum, der Gemahlin des Gottes Merodach, den Namen *È-la-gu* führte, und das Beschwörungsgebet IV R 58, 59, welches nicht nur die Gottheiten Babyloniens, sondern in beachtenswerth freisinniger, kosmopolitischer Weise auch die Gottheiten der Kossäer[5] und der Elamiten um Erlösung von dem auf einem Menschen liegenden Banne anruft, lautet col. III 46—49: „Es mögen lösen in Susa die Gottheiten *Šušinak* und *La-ḫu-ra-bè*;

1 Beiläufig bemerkt, führte ebendieser Liste zufolge (Z. 37 c. d) der Gott Adar im »Westland« den Namen *Aštûpinu*.

2 Nicht *ši*, wie II R bietet.

3 Smith nimmt diesen Namen, welcher den Gott als »den von Susa« benennt, als die phonetische Aussprache jenes aus  (II R 57, 64 c. V R 6, 30) oder  (II R 60, 10 a. IV R 59, 46 b) und *šèš* (Sb 1 Obv. 18) zusammengesetzten Götterideogramms, welches nicht allein (gemäss II R 57, 64 c. d) ebenfalls den Gott Adar repräsentirt, sondern noch dazu gerade in seiner Eigenschaft als Stadtgott von Susa (siehe II R 60, 10 a/9 b und vgl. V R 6, 30).

4 Geschrieben mit jenem »Finsterniss« bedeutenden Ideogramm, welches unter anderem auch in dem Zeichen Sb 191 enthalten ist.

5 Siehe oben S. 28 Anm. 1.

Ja-ab-ru, Ḫum-ba ..ru mögen lösen, die grossen Götter«[1]. Endlich ist noch zu nennen der Gott *Na'nḫundi*, der, ebenso wie der Gott *Ḫumba*, in sofort zu erwähnenden Königsnamen vorkommt.

Namen elamitischer Könige sind: aus der Zeit der elamitischen Fremdherrschaft in Babylonien gegen das Ende des dritten vorchristlichen Jahrtausends: (*m Ku-dur-na-an-ḫu-un-di* (III R 38 No. 1 Obv. 12. No. 2 Obv. 60); *Si-im-ti-ši-il-ḫa-uk* (I R 2 No. III 5), der Vater des *Ku-du-ur-ma-bu-uk* (I R 2 No. III 3. 5 No. XVI 9. IV R 35 No. 6, 10b); *Kudur-Lagamara*, wie der Gen. c. 14 genannte *Kedôr-Laʿomer* auf Babylonisch lauten würde: *ilu Ḫum-ba*[2]*-ba*, der Name des aus den sog. Izdubarlegenden bekannten elamitischen Tyrannen. Aus noch nicht näher bestimmbarer Zeit: *m Um-man-i-gaš*, der Sohn des *m Um-ba-da-ra-a* (V R 6, 52)[3], *m Iš-tar-na-an-ḫu-un-di* (V R 6, 53). Aus Sargons Zeit: *m ilu Ḫum-ba-ni-ga-aš* (Sarg. Cyl. 17. Stier. 12. Khors. 23) und *m Šu-dur-(ilu) Na-ḫu-un-di* (Khors. 119. Botta 86, 8. 87. 3); aus Sanheribs Zeit: *m Kudúr-ilu Na-ḫu-un-du* oder *-di* (Sanh. IV 70. 80), *m Um-ma-an-me-na-nu* (Sanh. V 3 u. ö.) und *m Ḫal-lu-si* oder *-su* (V R 6, 54; Asurb. Sm. 247, f); aus Asarhaddons Zeit: *m Um-man-al-da-(a-)še* (Asurb. 106, 74. 78. 116, 89); dessen Bruder *m Ur-ta-ki* (Asurb. Sm. 100, 15 u. ö. V R 3, 44), auch *m Ur-tak* (Asurb. Sm. 109, 10 und *m Ur-ta-gu* (siehe Asurb. Sm. p. 109) geschrieben; aus Ašûrbânipals Zeit: der Vorige und dessen Bruder *m Te-um-man* (V R 3. 36 u. ö.), auch *m Tu-um-man* (siehe Asurb. Sm. p. 109); Urtakis Sohn *m Um-man-i-gaš* (V R 3, 44 u. ö.), auch *m Um-man-i-ga-aš* (siehe Asurb. Sm. p. 149); dessen Bruder *m Tam-ma-ri-tu* (V R 3, 48 u. ö.), auch *m Ta-am-ma-ri-it-tu*, *m Ta-am-ma-ri-ti*, *m Tam-mar-i-ti*, *m Tam-ma-ri-ti*, *m Ta-am-ri-ti* geschrieben (siehe Asurb. Sm. p. 149 f.); *m In-da-bi-gaš* (V R 4, 11 u. ö.); des *m At-ta-me-tu* (Asurb. Sm. 181, 114. 215, a) Sohn *m Um-man-al-da-si, -su* oder *-das* (V R 4, 112 u. ö., Asurb. Sm.

---

1) *lip-ṭu-ru ina Šú-ú-ši ki*  (sic!) *-šeš u ilu La-hu-ra-bé, ilu Ja-ab-ru ilu Ḫum-ba* (Spuren zweier schmaler Zeichen) *-ru lip-ṭu-ru ilâni šar-bu-tú.*

2) Der Name des Gottes *Ḫumba* ist auch in dem elamitischen Stadtnamen *Til-ilu Ḫum-ba* (Khors. 20. 138), *Til-ilu Ḫu-um-bi* (Sanh. IV 60), *Til-ḫu-um* (var. *un*)*-ba* (V R 7, 68) enthalten.

3) Ebendiesen Namen führte auch ein Magnat Tèummans (Asurb. Sm. 147, 94. 134, 48 u. ö.).

215, e); *m Um* var. *Am-ba-kil-u-a* V R 5, 15) und *m Pa-'è-e* V R 7, 51. 10, 17). Diese Namen sind freilich, was sehr beachtenswerth, nicht ohne Weiteres als reines Elamitisch zu nehmen, vielmehr sind sie, zum Theil wenigstens, mehr oder weniger babylonisirt. Namen wie *Kudûr-Mabuk*, *Kudûr-Nahundi*, in welch letzterem der assyrische Schreiber sogar das Ideogramm für assyrisch *kudûru* in Anwendung bringt (so im Sanherib-Prisma), haben mit assyr. *kudûru* »Gebiet, Grenze« u. s. f. nichts zu thun: sie sind lediglich dem Babylonischen angeglichen aus *m Ku-tir-ilu Na-ah-hu-un-te*, wie der zweite Name auf den elamitischen Backsteinen lautet. Das Gleiche gilt von *Šudur-Nahundi*, rein elamitisch *m Šu-ud-ru-uk-ilu Nah-hu-un-te*, von *Hallusu* = *m Hal-lu-du-uš*, von *Ištar-nanhundi* u. a. m. Diesen elamitischen Backsteinen entnehme ich gleichzeitig die weiteren Königsnamen *m Šil-ha-ak* und *m Un-daš-an-gal*. — Von sonstigen in den assyrischen Texten vorkommenden elamitischen Personen (Feldherrn, Magnaten, Stadtfürsten u. s. f. seien noch erwähnt *m ilu Hu-um-ba-an-un-da-ša*[1] Sanh. V 69): *m Um-man-ap-pa* Asurb. Sm. 106, 76 u. ö., vgl. *m Um-man-ap-pi* oder *m Um-man-pi-'a* 195, b), *m Ku-dur-ru* und *m Pa-ru-ú* ibid. 106, 78. 116, 88; vgl. den Namen *m Pa-r(?)-ru-u* 171, 9); *m Um-man-am-ni* (195, b. c); *m Si-im-bu-ru* K. 2674 Obv. 4)[2], *m Um-ba-ki-din-ni* (ibid. Z. 6), *m Iš-tar-na-an-di* Z. 7), *m Zi-ni-e-ni* (Z. 8); *I-tu-ni-i* Asurb. Sm. 145, 1), *m Un-da-si*[1] (ibid. 171, 6 u. ö.) oder *m Un-da-su* 172, 18), *m Za-za-as* 171, 8 u. ö.), *m At-ta-me-e-tu* (171, 10 u. ö.) oder *m At-ta-ma-tu* (172, 19), *m Um-man-ši-bar* (199, 11), *m Un-da-du* ibid.). Auch diese Namen sind augenscheinlich mehr oder weniger babylonisirt.

Geographische elamitische Namen sind: die Städtenamen *Šu-ša-an*, babyl. *âlu Šu-ša-an*; *âlu Hal-te-ma-aš* V R 5, 83. 6, 96), *âlu Šu-mu-un-tu-na-aš* V R 5, 85) u. a. m.; die Flussnamen *nâr Id-id-e* (V R 5, 74. 95. 103) und *nâr Hu-ud-hu-ud* K. 40 Rev. 18).

An sonstigen elamitischen Wörtern scheint durch die Backsteinlegenden *an-in* »König«, *ša-ag* »Sohn« und durch II R 23, 16 e. f

1) Vgl. auch den Stadtnamen *âlu Dûr-un-da-si* (V R 5, 53), *âlu Dûr-m Un-da-a-si* (Z. 73. 94), sowie *âlu Dûr-un-da-si-ma* (Z. 54).

2) Die Tafel K. 2674, eine Art assyrischer Museumskatalog, findet sich veröffentlicht Asurb. Sm. 140 ff.

hu-ug als allgemeinstes Wort für »hölzerne Gefässe«, wie Eimer u. ä., gesichert.

Alle diese elamitischen Namen und Wörter scheinen mir darauf hin zu führen, dass zwischen dem Elamitischen und Kossäischen kein Zusammenhang besteht. Zwar dass der Gott Adar bei den Elamiten ganz andere Namen führt als bei den Kossäern, ist an sich noch kein directer Beweis, so wenig etwa daraus dass der Sonnengott bei den Kanaanäern Baʿal, bei den Babyloniern Šamaš heisst, auf Nichtverwandtschaft der Kanaanäer und der Babylonier geschlossen werden darf. Aber der ganze Sprachtypus, wie er in den obigen elamitischen Götternamen und noch mehr in den elamitischen Königsnamen zu Tage liegt, scheint mir ein vom Kossäischen verschiedener. Verführerisch ist allerdings der so manchen kossäischen und elamitischen Eigennamen gemeinsame Auslaut auf *š* (*s*): vgl. z. B. die Namen *Karaḫardaš* einer- und *Ḫumbanigaš* andrerseits. Aber gerade auf diesen Auslaut lässt sich, glaube ich, keinerlei Schluss bauen; denn auch die Namen der Länder *Barsua* (*Parsua*) am Urumia-See und *Mannai* am Van-See finden sich zuweilen *Parsuaš* (Khors. 58. Sanh. V 31) und *Mannaš* (Salm. Ob. 168) geschrieben, und ist *Ḫumbanigaš* kossäischen Gepräges, so sind es auch alle armenischen Eigennamen mit der Nominativendung *š*, *Mênuaš* und *Argištiš*, und schliesslich auch die Namen der Könige von Karkemisch, wie *Pisiris* (neben *Pisiri*), und von Tabal, wie *Amris*[1]. Der Ursprung dieses auslautenden Zischlautes muss erst noch untersucht werden: in den einen Fällen mag das *š* (*s*) radical, in andern Formelement, wieder in anderen auf Rechnung der assyrischen Transcription zu setzen sein — als ein Beweis für die Verwandtschaft des Elamitischen mit dem Kossäischen kann das auslautende *š* kaum länger betrachtet werden. Ich beantworte darum auch die zweite, oben gestellte Frage ziemlich zuversichtlich mit Nein, hebe aber abermals hervor, dass trotzdem einzelne kossäische Stämme, wie in Babylonien, so auch in Elam sich sesshaft gemacht haben und nach dem Sturze der einheimischen Dynastie um 642 zu noch grösserer

---

1) Vgl. Sayce in den *Transactions of the Society of Biblical Archaeology*, VII, 1881, p. 253.

Bedeutung gelangt sein mögen. So viel wenigstens lässt sich beweisen, dass auch auf elamitischem Boden je und je eine Anzahl fremder und unabhängiger Nationalitäten sich heimisch gemacht hat. Es scheint mir in dieser Hinsicht noch die folgende Beobachtung hier am Platze zu sein. Die Annalen Sanheribs berichten, dass der elamitische König Ummanmènanu, als er dem König Šûzub von Babylon zu Hülfe zog, die Länder Parsuaš[1], Anzan, Paširu, Èllipi, die Stämme *amêlu*) *Ja-as-an* und *La-kab-ri*, und andere mehr als Bundesgenossen herbeigerufen habe. Da alle diese Länder, Stämme und Städte elamitische »Bundesgenossen« sind, auf Einer Linie stehend mit den Chaldäern und Aramäern, so müssen sie sich gewisser Selbständigkeit oder voller Unabhängigkeit von der susischen Herrschaft erfreut haben. Der Stamm Jâs'an oder Jâšian wohnte nun, wie die Berichterstattung K. 10 lehrt, nicht allein innerhalb elamitischen Gebietes, sondern sogar in nächster Nachbarschaft von Susa. Der Bericht sagt, die nach Elam entsandte assyrische Streifschar sei gegen die Stadt Sagidu, 2 Meilen Wegs von Susa entfernt, gezogen und habe den Ammaladin, den Fürsten des Stammes Jâšian, mehrere seiner Brüder und anderer nächster Verwandten, dessgleichen zweihundert der vornehmsten Bewohner der Stadt getödtet. Also hart bei der Hauptstadt Elams eine elamitische Stadt im Besitz eines wenn auch nicht nachweisbar fremdländischen, so doch sieher selbständigen Stammes unter einem be-

1) Meine in S. Baer's *Libri Danielis, Ezrae et Nehemiae*, pag. IX vorgeschlagene Combination der Bewohner des Landes *Parsua* mit den אֲפָרְסָיֵא des Buches Esra 4, 9, ist sprachlich wie geographisch unanfechtbar. Schrader, Die Keilinschriften und das alte Testament, 2. Aufl., S. 615, wendet gegen sie ein, es sei »nicht ohne Bedenken, dass gerade des Landes Parsua als eines von ihm bekämpften und unterworfenen seitens Asurbanipals in dessen Inschriften keine Erwähnung geschieht«. Der Einwand scheint mir nicht stichhaltig, um so weniger, als man früher ja doch kein Bedenken getragen hat, in Asnappar den König Asarhaddon zu erblicken, trotzdem dass in dessen Texten eines so hervorragend wichtigen Ereignisses wie der Bekämpfung und Besiegung Susa's mit keinem Worte Erwahnung geschieht. »Bekämpft und unterworfen« braucht Aššurbânipal das Land Parsua selbst gar nicht zu haben. Aber wenn das Land Parsua zu Sanheribs Zeit den Elamiten zu Hülfe wider die beiden gleich verhassten Assyrer eilte, so wird es dies wenige Jahrzehnte später bei dem Entscheidungskampf zwischen Susa und Nuewe gewiss ebenfalls gethan haben. Ein noch detaillirterer Bericht über diese letzten grossen elamitischen Kriege wird wohl auch noch der Bundesgenossen der Elamiten und unter ihnen auch des Landes Parsua Erwahnung thun.

sonderen Fürsten[1]. Es hindert nichts anzunehmen, dass nach Auflösung des alten elamitischen Reiches das kriegerische und räuberische Gebirgsvolk der Kaššû, wie in früheren Jahrhunderten nach Süden und Westen hin, so jetzt nach Osten, Südosten hin sich ausgebreitet und, obwohl unter persischer Oberhoheit, einen Hauptbestandtheil der dortigen Bevölkerung (Κίσσιοι) gebildet habe.

Eine dritte Frage, welche sich aufdrängt, nämlich

3) Verwandtschaft des Kossäischen mit dem sog. Medischen?

ist für alle die, welche die Verwandtschaft des Elamitischen und des sog. Medischen (d. i. der Sprache der zweiten Keilschriftgattung) bereits bewiesen erachten[2], durch die Antwort auf die zweite Frage eo ipso entschieden. Und in der That sind die wenigen Wörter, welche gleichzeitig aus dem Medischen und Kossäischen bekannt sind, völlig verschieden. Vergleiche die Opperts *La langue des Mèdes* entnommenen medischen Wörter *an-kik(a)* »Himmel«, *(an)nap* »Gott«, *un-an* »König«, *ruh* »Mensch«, *luba* »Diener, Unterthan«, *nisgi* »schützen«.

Da indess über Sprache und Nationalität der Meder noch immer tiefes Dunkel sich breitet, wie mir denn die Bezeichnung der Sprache der zweiten Keilschriftgattung als medischer mehr und mehr als irrig erscheint, so benütze ich diese Gelegenheit, die wichtige Liste medischer Eigennamen, welche zuerst George Smith[3] veröffentlicht hat, auf Grund genauer Collation des theilweise etwas unleser-

---

1) Beachte die Wiedergabe dieses Stammnamens Jâšian durch *amêlu Ja-a-ši-an* (mit שׁ) auf der babylonischen Tafel K. 10 Obv. 14, dagegen durch *amêlu Ja-as-an* (mit ס) auf dem assyrischen Sanherib-Prisma Sanh. V 32 (die Parallelstelle Sanh. Konst. 44 f. lässt den Namen aus). — Der Name klingt an an kossäisch *iaš* »Land« (auch enthalten in *Jas-ubi?*).

2) Eine ganz andere und noch weit weniger bis jetzt entschiedene Frage ist, ob das Elamitische mit dem Sumerischen verwandt ist. Dass sich die babylonischen Sumerier mit den susischen Elamiten und den nichtarischen Medern zu einer besonderen Völkersippe zusammengeschlossen hätten, was auch Schrader, obwohl unter Vorbehalt, für »nicht unwahrscheinlich« hält (Keilinschriften u. d. A. T., 2. Aufl., S. 120), ist bis jetzt durch nichts zu beweisen. Der blosse Anklang des Landesnamens *Madai* (*Matai, Amadai*) mit sumerisch *ma-da* »Land« kann nimmermehr genügen, um das Medische und damit das Elamitische mit dem Sumerischen in verwandtschaftliche Beziehung zu bringen.

3) *Assyrian Discoveries*, p. 288 f.

lichen Originaltextes hier noch einmal mitzutheilen. Sie findet sich auf einem von Smith gefundenen, leider fragmentarischen, achtseitigen Thonprisma Sargons, und dass wir die Liste in der That für eine Liste von »*Median chiefs*« zu halten haben, lehrt der Zusammenhang des Prismatextes in Zusammenhalt mit den sonstigen Inschriften Sargons. Der Abschnitt bietet, soweit er erhalten ist, die Namen von 23 Stadtpräfecten nebst den Namen der Städte (theilweise die letzteren allein) aus der Zahl der »45 medischen Stadtpräfecten«, welche gemäss Botta 80, 10 dem König Sargon in dessen neuntem Regierungsjahr, d. i. 713 v. Chr., Tribut darbrachten. Das Verzeichniss lautet, unmittelbar nach einem Trennungsstrich anhebend, folgendermassen[1]:

[2. höchstens 3 Zeichen] *m Pa-ar-nu-a ālu Si-ik-ri-na(?)-a-a*[a]
m Zu(?)-tir-na ša *ālu ? ? ? a*[b]
m Up-pa-am-ma-a ša *ālu A(?)-gu(?)-ta-ka-na*[c]
m Ma-aš-da-ku ša *ālu A-ma-ak-ki*[d]
m Iš-tê-su-ku ša *ālu Iš-tê-up-pu*[e]
m U-ar-za-an ša *māt U(?)-ḳu-ut-ti*[f]
m Aš-pa-an-ra ša *māt Ka-ak-kam*[g]
m Sa-tar-ê-šu m Ḳu(?)-su(?)-ra-zu
amêlu ên ālu pl (d. i. Stadtherrn) ša *māt Tu(?)-ba-a-ri*
šadu-u (?) bar-ba-rê na-gi-i dan-nu-ti[h]
m Sa-tar-pa-nu ša *māt Up-pu-ri-a*[i]
m Pa-ar-ku-tu (?) ša *māt An(?Ba?)-dir-pat-ti-a-nu*[k]
m A-ri(?)-ia(?) ša *māt Bu-uš-tu-?*[l]
m Uš-ra-a ša *māt Tu(?)-tu(?)-nê-nu*[m]
m Ma-aš-tak-ku ša *māt A-mê(?)-is-ta*[n]
m Ḫa-ar-duk-ku ša *māt Ḫa-ar-zi-a-nu*[o]
m Iš-tê-lê-ku m A-u-a-ri-is-ar-nu
amêlu ên ālu pl ša *māt Li(?)-i-ta-nu*[p]
m Ar-ba-ku ša *māt Ar-na-si-a*[q]
m Šar-ru-ti ša *ālu Tir-zi-nu-u*[r]
. . . *pa-nu* ša *māt Ba-ri-ka-a-nu*[s]
. . ša *māt Za-zu-ak-nu*[t]

1) Zu meiner Transcription ist zu bemerken, dass jedes *m* auch als *v*, jedes *pu*, *up* auch als *bu*, *ub* gelesen werden mag. Wo immer ich kein Fragezeichen gesetzt, erscheint mir meine Lesung als fragelos richtig und der Smith'schen vorzuziehen.

. . . . . [Ša] *mât* *Ḳar-ka-si-a*[u]

. . . . *Pa? -ar-ta-ka-nu*[v]

[a] Smith: *Pharnes*, chief of *Sikrana*. Bei den nächsten Zeilen bezeichne ich das »chief of« durch einen Strich. [b] *Ziturna* (ungenau) — *Musana*; aber abgesehen von dem Schluss-*a* möchte ich nicht wagen mit den Spuren der drei vorausgehenden Zeichen einen sicheren Werth zu verbinden. [c] *Uppanma* — *Katalina*. [d] *Vasdakku* — *Amakki*. [e] *Istesuki* — *Isteuppu*. [f] *Varzan* — *Vagutti*. [g] *Aspabara* — *Kakkam*. [h] *Sataresu* and *Qururasu*, chiefs of *Tabari* and *Luhbarri*, rugged regions. [i] *Satarpanu* — *Ubburia*. Vgl. auch Botta 80, 4: *mât* *Up-pu-ri-ia*. [k] *Parkuttu* — *Sidirpattianu*. [l] *Ariya* — *Bustu*. Das *ri* des Personennamens ist fast, doch nicht ganz sicher; das nämliche gilt leider von *ia*(?*ši*?). Das Schlusszeichen des Ländernamens ist ein breites Zeichen: vielleicht *ar*?, doch mag es *us* sein, also *Bustus*; siehe diesen Namen auch Salm. Ob. 186, wo die Stadt *Bu-us-tu* als eine Hauptstadt von Barsua erscheint; Tig. jun. Obv. 31: *mât* *Bu-us-tu-us*; Botta 80, 5: *mât* *Bu-us-ti-is*. [m] *Vusra* — *Tutunenu*. [n] *Vastakku* — *Amista*. [o] *Hardukka* — *Harzianu*. — Vgl. *amêlu* *Ḫa-ar-zu-nu* Sanh. V 32? [p] *Isteliku* and *Araripurnu* (mir schien im letzteren Namen *pa* weniger wahrscheinlich als *is*) — *Kattanu*. [q] *Arbaku* — *Arnasia*. [r] *Karuti* — *Turzinu*. [s] ...*panu* — *Barkanu*. [t] *Zazaknu*. [u] *Garkasia*. [v] *Partakanu*. Das *pa* ist nicht sicher, aber sehr möglich. Der Name könnte vielleicht Personen-, nicht Landesname sein.

Und hieran schliesse ich noch sechs medische Eigennamen, welche auf dem Asarhaddon-Prisma (IV 19—21) vorkommen: *m* *Up-pi-is*, Stadtherr von *âlu* *Pa-ar-tak-ka*, *m* *Za-na-sa-na* von *âlu* *Pa-ar-tuk-ka*, *m* *Ra-ma-te-ia* von *âlu* *U-ra-ka-za-bar* oder *mas -na*.

Von diesen medischen Namen tragen die Personennamen augenscheinlich ein von den kossäischen ganz verschiedenes Gepräge. Während z. B. die kossäischen Personennamen, gleich den sumerischen, babylonischen, elamitischen, besonders gern mit Götternamen zusammengesetzt sind, wüsste ich aus den obigen Namen keinen Götternamen auszuscheiden — und der assyrische Schreiber wusste es ebensowenig. Die Assyrer waren wohl vertraut mit den Religionen ihrer Nachbarländer, und gaben den fremdländischen Götternamen, wo immer sie in Eigennamen enthalten sind, meist dieselbe Ehre, die sie ihren eigenen erwiesen, das heisst, sie leiteten sie ein durch das Determinativ der Gottheit. In den obigen medischen Namen findet sich kein einziges Mal ein solches Gottheitsdeterminativ: die medische Namengebung erweist sich hierdurch als von der kossäischen (wie auch elamitischen) von Grund aus verschieden. Und obendrein, wer möchte läugnen, dass jene medischen Namen, so schwer erklärbar sie auch zur Zeit noch sein mögen, dennoch fast unverkennbar arisches Gepräge zur Schau tragen?

Man könnte nun endlich noch die Frage aufwerfen, ob sich das Kossäische mit der Sprache irgend eines der anderen Nachbarstämme, wie der Sutû und Gutû[1], oder Nachbarländer, wie z. B. des Landes Ellipi und der Länder Naïri, berühre. Aber für die Sprachen dieser Stämme und Länder sind wir doch auf zu wenig Wörter oder zu spärliche Eigennamen angewiesen, als dass es sich verlohnte, dieser Frage überhaupt näher zu treten. Wenn bei Sargon ein Janzû als König von Ḫubuškia, ja als König von Naïri erscheint, so wurde schon S. 35 ausdrücklich hervorgehoben, dass daraus mit nichten etwa gefolgert werden darf, als seien die Länder Naïri Kossäergebiet gewesen. Im Uebrigen wird wohl jeder, welcher die Eigennamen der Könige der Naïri-Länder übersieht, darin mit mir übereinstimmen, dass Sprachverwandtschaft mit dem Kossäischen auch von dieser Seite her ausgeschlossen ist[2].

So konnten wir betreffs der Frage nach kossäischen Sprachverwandtschaften nur zu negativen Resultaten gelangen: keine Verwandtschaft weder mit Sumerisch noch mit Elamitisch noch mit dem sog. Medisch. Eine positive Antwort zu geben oder doch anbahnen zu helfen, ist die Bitte, welche ich noch einmal an alle Sprachforscher richten möchte.

1. Siehe für diese Stämme und die wenigen Reste der Sprache des ersteren Paradies, S. 233 ff.

2. Eine lange Liste von Königen und von Ländern, welche alle unter den Begriff Naïri zusammengefasst werden, obwohl sie zum Theil sehr weit ostwärts bis in oder wenigstens hart an das Medergebiet reichen, findet sich auf der Monolithinschrift des assyrischen Königs Šamši-Râmân III (824—811), col. III 45—63. Ich gebe diese Liste hier in Anmerkung auf Grund meiner Collation des Originals und ersetze nur die nomm. gentilicia auf *a-a* (*ai*) durch deutsches »von« der Stadt, dem Lande . . . . Sie lautet: *m Si-ra-aš-me* von *mât Ba-ba-ru-ra*, *m A-ma-ḫar* von *âlu Ḫar-me-iš-an-da*, *m Za-ri-šu* von *mât Pa-ar-sa-ni*, *m Za-ri-šu* von *âlu Ḫu-un-du-ur*, *m Sa-na-šu* von *mât Ki-pa-ba-ru-ta-ka*, *m Ar-da-ra-a* von *mât Uš-ta-aš-šu*, *m Šu-ma-a* von *mât Ki-an-ka*, *m Ta-a-ta-a-i* von *mât Gi-in-gi-?*, *m Bi-si-ra-in* von *mât A-ri-ma*, *m Pa-ru-uš-ta* von *mât Ki-ba-ru-šu*, *m Aš-pa-aš-ta-ta-uk* von *U-i-la*, *m A-ma-ma-aš* von *mât Ki-in-gi-iš-ti-lé-én-za-aḫ*, *m Tar* (oder *Ḫas*)*-si-ḫu* von *mât Ma-ṣi-ra-uš*, *m Ma-ma-ni-iš* von *mât Lu-uk-su*, *m Za-an-zar* von *mât Di-ma-ma*, *m Si-ra-a-šu* von *mât Si-im-gu-ri*, *m Gi-iš-ta* von *mât Ab-da-na*, *m A-da-da-a-nu* von *mât A-sa-ti*, *m Ur-si* von *mât Gi-in-ḫu-uḫ-ta*, *m Ba-a-ra* von *mât Gi-in-zi-na*, *m A-ru-a* von *mât Ki-in-du-ta-uš*, *m Di-ir-na-ku-uš* von *mât Kib-ru-u*, *m Za-ba-nu* von *mât Zu-za-ru-ra*, *m Ir-ti-za-ti* von *mât Gi-in-ud-da*, *m Ba-ar-zu-ta* von *mât Ta-ur-la*, *m Šu-u-a* von *mât Na-ni- ?*, *m Sa-ti-ri-a-a* und *m Ar-ta-si-ra-ri* — »alle Könige des Landes Naïri« (III 64).

III.

Die Religion der Kossäer.

Wie das erste, so steht auch dieses dritte Kapitel zu dem zweiten, dem Hauptkapitel in engster Beziehung: es will die ersten sechzehn Zeilen des Rassam'schen kossäisch-semitischen Glossars noch etwas ausführlicher besprechen als dies in Kap. II geschehen konnte.

Das Glossar beginnt mit den Namen von zwölf kossäischen Gottheiten, von welchen die beiden ersten jetzt fehlen. Dass an erster Stelle wohl der Nationalgott der Kossäer gestanden, ist mit Sicherheit anzunehmen, und dass dieser Gott den Namen *Kaššû* geführt, wurde bereits S. 29 als wahrscheinlich bezeichnet [1]. Waren diese zwölf Gottheiten die höchsten der Kossäer, so mag auf der zweiten Zeile die Göttin *Šûmali'a*, *Šimali'a*, die Göttin der Schneegipfel, gefolgt sein, welche ja als eine Hauptgottheit des Landes Namar ausdrücklich genannt wird und auch sonst in engster Verbindung mit dem grossen Gott der Kossäer, Šuķamuna, erscheint [2]. Im übrigen ist diese kossäische Götterliste nicht erschöpfend: es fehlt *Šiḫu* als einer der Namen Merodachs, es fehlen auch *Ḫardaš* und *Bugaš*, wenn diese, was das Nächstliegende scheint, ebenfalls Götternamen darstellen, es fehlen endlich *Ḫarbe*, der Name Bels, sowie *Duniâš*, wenn das letztere nicht etwa nur ein Beiname eines der zwölf grossen Götter ist.

Die Reihenfolge: Mondgott, Sonnengott, Luftgott Z. 3—7 ist die

1 Ein Gott *Kaššû* ist bezeugt durch den S. 15 Anm. erwähnten Königsnamen aus der semitisch-kossäischen Periode *m ilu Kaš-šu-ú-nâdin-âḫû*. War *Kaššû* der Nationalgott des Volkes Kaššû, so haben wir ein ähnliches Zusammentreffen von Volks- und Gottesnamen wie bei Aššûr, Ašûr und vielleicht Šûšan, Šušinak (siehe oben S. 42 Anm. 3). — War die gemäss Sanh. Konst. 32 neben Nanâ'a (Nanai) in Erech verehrte Göttin *ilu Kaš* (oder *Bi*?) *-ši-tu* etwa ebenfalls kossäischen Ursprungs?

2 Siehe oben S. 33 und 28 Anm. 1.

in den assyrischen Texten übliche; siehe z. B. Tig. I 5—10. Sanh. Baw. 1. II R 48, 33—35 a. b, u. o.

Der Gott Adar hiess bei den Kossäern *Maraddaš* (Z. 8) oder *Gidar* (Z. 9). Ueber das Wesen des babylonisch-assyrischen Gottes Adar herrscht noch immer grosse Unklarheit, obwohl die Keilschriftliteratur längst schon das Richtige erkennen liess. Der Gott Adar, welcher mit seinen beiden, zahllose Mal vorkommenden Ideogrammen *Bar* und *Nin-ib* vorzugsweise als der »Entscheider« oder der »Herr der Entscheidung« bezeichnet wird, ist der Gott der alles verzehrenden und versengenden Süd- oder Mittagssonne, im Grunde also die nämliche Gottheit wie der Sonnengott, jedoch nach dessen ausschliesslich verderblicher Seite hin als verheerende, zerstörende Sonnengluth [1]. Auch der Feuergott Nusku, welcher ebenfalls mit Vorliebe *mâlik milki ilâni rabûtë* »der die Entscheidung hat unter den grossen Göttern« genannt wird und als Gott der Süd- oder Mittagssonne ausdrücklich bezeugt ist, ist im Grunde Eins mit dem Gotte Adar [2]. Dass unter den Planeten gerade der Saturn, babyl. *Kaivânu*, dem Gott Adar geweiht war, begreift sich nun leicht. Adar, Gibil (der Feuergott), Nusku, Malik-Moloch sind im letzten Grunde ganz die nämliche Gottheit, und es bedarf nunmehr auch weiter keines Commentars, wesshalb die Bewohner der Sonnenstadt Sippar-Sepharwaim dem Adrammelech d. i. dem Adarmalik »Adar, dem Entscheider« zu Ehren ihre Kinder mit Feuer verbrannten (2 Kön. 17, 31). Von besonderem Interesse ist aber endlich, dass unser kossäisch-semitisches Glossar (Z. 13) auch den Gott Nèrgal als mit Nusku identisch ausweist. Auch dies erklärt sich leicht. Der Löwe, unter dessen Bild der Gott Nèrgal verehrt wird, ist ja das Symbol der verheerenden Sonnengluth, und wie der vierte Monat, der heisse Monat Tammûz, dem Gotte Adar geweiht ist, so ist der Löwe dasjenige Zeichen des Thierkreises, in

1 Siehe hiefür obenan die Stellen Asurn. I 5, Sams. I 9. 25. II R 57, 51 c. d, vgl. 76 c. d.

2) Die Identität des Feuergottes Gibil und des Gottes Nusku erhellt aus dem Hymnus IV R 26 No. 3 und wird ausdrücklich bestätigt durch die in meinen Assyrischen Lesestücken, 1. Aufl., S. 39 f. unter dem Titel »Götter und Götterzahlen« veröffentlichte Tafel K. 170. Für die Bedeutung »Zenith« des Ideogrammes *nusku* (Sb 212), siehe z. B. IV R 9, 40 42a. 28, 25 26b.

welchem sich die Sonne während des fünften Monats befindet, welch letzterer durch sein sumerisches Ideogramm mit dem Feuer in directeste Verbindung gesetzt ist[1]. Adar (Nusku) und Nèrgal weisen auch sonst eine Reihe von Zügen auf, welche ihre ursprüngliche Identität noch deutlich erkennen lassen. Wie die Assyrer ihren Nèrgal[2], so werden auch die Kossäer ihren Šugamuna obenan als Gott des Krieges und der Jagd verehrt haben.

Auf Adar folgt, wie oft in den babylonisch-assyrischen Texten[3], seine Gemahlin, die Göttin Gula, kossäisch *Ḫala* (Z. 10). Sie führt in den babylonisch-assyrischen Keilschrifttexten die Beinamen: »die grosse Herrin, die Gemahlin des Gottes der Mittagssonne«; »die Mutter, die Gebärerin der schwarzköpfigen Wesen« (d. i. der Menschen); »die Herrin, die die Todten erweckt«, u. s. f.

Z. 15 sind mir die auf *an* 𒀭, das häufige Ideogramm für den Gott Merodach, folgenden beiden Zeichen *dir-ia* unverständlich.

Unter der Z. 16 mit dem Ideogramm für *bêltu* »Herrin« geschriebenen babylonischen Göttin, welche der kossäischen Göttin *Mirizir* gleichgesetzt wird, wird zunächst die Göttin Beltis d. h. Ištar als Abendstern zu verstehen sein. Wie aber Beltis (ebenso wie Anunit, die Göttin des Morgensterns) im Grunde Eins ist mit Ištar, dem Venusstern, und Ištar hinwiederum oft mit der Nanâ (Nanai) vermengt wird, welche ursprünglich wohl nur eine besondere Eigenschaft der Göttin Ištar, vielleicht als der bogengerüsteten Jägerin, personificirt haben wird, so wird auch die kossäische Göttin Mirizir getrost der babylonischen Ištar-Nanâ gleichgesetzt werden dürfen. Es würde hierzu gut stimmen, dass die Schenkungsurkunde Nebukadnezars I einerseits

---

1 Näheres über all dies wird das in Vorbereitung befindliche I. Heft meiner von 1884 ab halbjährlich erscheinenden »Religionsgeschichtlichen Abhandlungen« darlegen. Ich bemerke hier nur noch, dass ich den — gutsemitischen! — Namen *Adru, Adar* jetzt auch phonetisch nachzuweisen in der Lage bin; dessgleichen dass die Ansicht, der Gott Adar sei unter dem Bilde des geflügelten Stiers mit Menschenhaupt dargestellt und verehrt worden, jedweden Grundes entbehrt.

2) Für Nèrgal als Gott des Krieges siehe Salm. Ob. 11, wo er *šar tamḫari* »König des Kampfes« genannt wird, und obenan III R 38 No. 1 Obv. 1 ff.; für Nèrgal wie auch Adar als Gott der Jagd siehe z. B. Tig. VI 58.

3) Siehe I Mich. IV 1. 5. IV R 61 No. 2, 25—27.

den Mondgott Sin und *bêlit* ilu *Ak-ka-di*, »die Herrin von Akkad« d. i. vielleicht (siehe S. 19 f. Anm. 2) Ištar-Anunit von Agadê als Gottheiten des Hauses Ḫabban, andrerseits Šûmali'a, Râmân, Nêrgal und ilu *Na-na-a* d. i. Nanâ als Gottheiten des Landes Namar namhaft macht (II 50, 48).

Die Religion der Kossäer, wie sie sich nach unserm Glossar darstellt, ist vielleicht nicht ohne Beeinflussung von Seiten der Religion ihres neuen Heimathlandes, Babyloniens, geblieben. Zwar dass die Kossäer Mond, Sonne, Sturm, Donner und Blitz, Feuer und Wasser göttlich verehrten[1] und in der Göttin der schneebedeckten Bergspitzen ein ihnen eigenthümliches Götterwesen ausgestaltet haben, ist durchaus natürlich; ob aber ihre Verehrung einer der babylonischen Gula entsprechenden Göttin oder eines Gottes Merodach älter sei als ihre Ansiedelung innerhalb Babyloniens, liesse sich bezweifeln. Eigennamen wenigstens wie *Ḫarbišiḫu* d. i. »Herr (Bel) ist Merodach« scheinen mir lediglich der äusseren Schale nach kossäisch, ihrer Bedeutung nach aber nur als auf babylonischem Boden erwachsen verständlich zu sein.

1) Vergleiche was Herodot (I 131) unter anderm von der Religion der Perser sagt: »Die Perser pflegen auf die höchsten Berge zu gehen und daselbst dem Zeus Opfer zu bringen, indem sie den gesamten Kreis des Himmels mit dem Namen Zeus bezeichnen. Dann bringen sie Opfer der Sonne, dem Mond, der Erde, dem Feuer, dem Wasser und den Winden; diesen Göttern allein opfern sie von Anfang an« u. s. w.

Anhänge.

A.

Der babylonische Kossäer-König Agum

Agum-kak-rimê.

Auf dem 33. Blatt des V. Bandes des Londoner Inschriftenwerkes ist eine Thontafel von c. 18 cent. Länge und 13 cent. Breite veröffentlicht, welche aus zwei Stücken, bezeichnet K. 4348 und S. 27, zusammengesetzt, noch immer aber nicht vollständig ist. Das erstere Stück war bereits II R 38 No. 2 veröffentlicht, diese neue Edition verdanken wir Pinches. Die Tafel, welche gemäss der Unterschrift zur Bibliothek Asurbânipals gehörte, enthält auf Vorder- und Rückseite je 4 Schriftcolumnen und ist augenscheinlich die neuassyrische Abschrift einer irgendwie beschaffenen Weihinschrift eines babylonischen Königs. Nach dem aus drei, durch Linien abgegrenzten, Abschnitten bestehenden Eingang, welcher eine lange Reihe von Titeln und sonstigen Attributen des Königs enthält und unten ausführlich mitgetheilt werden wird, heisst es dann weiter, dass Merodach, der Herr von Èsagila, in »ein fernes Land, das Land Ḫânû« weggeführt gewesen sei, nunmehr aber seine Zurückbringung befohlen habe, worauf er, der König, Merodach und seine Gemahlin Zarpanitum nach Èsagila und Babylon habe zurückholen lassen. Der König hebt ferner die werthvollen Weihgeschenke an Gewändern und Edelsteinen hervor, welche er beiden Gottheiten geschenkt, berichtet, dass er ihren Tempel Èsagila prächtig wiederhergestellt habe, und fährt dann fort, in mehreren Abschnitten der Götter Segen auf sich herabrufend, VI 42 ff.: *ana šarri a-gu-um* d. i. dem König *agum*, welcher das Heiligthum Merodachs gebaut, Èsagila erneuert hat u. s. w., *ša šarri a-gu-um* d. i. des Königs *agum* Tage mögen lang, seine Jahre mögen lang sein

VII 11 ff.) Merodach möge das und das zu Theil werden lassen *ana šarri damḳi a-gu-um* d. i. dem freundlich gesinnten König *agum*, welcher die Heiligthümer Merodachs gebaut hat (VII 28 ff.). Das Wort *a-gu-um* ohne vorausgehendes *šarru* kehrt dann noch einmal ganz am Schluss wieder (VIII 25), ohne dass sich bei der Unsicherheit der vorausgehenden und der nachfolgenden Zeile etwas damit machen liesse. Man fasst an diesen Stellen allgemein das Wort *a-gu-um* als Eigennamen des Königs[1], und in der That, so auffällig die Voranordnung des Königstitels vor den Eigennamen scheint (*šarru* pflegt meines Erinnerns sonst fast stets dem nomen proprium appositionell zu folgen), so dürfte doch kaum eine andere Deutung in Vorschlag zu bringen sein, zumal wenn man Z. 19 der Eingangsworte mit berücksichtigt. Diese Eingangsworte lauten[2]:

col. I 1	[. .][a] ka-ak ri-mè	. . ka-ak ri-mè
	mâr ur ši gu ru bar[b]	Kind ur ši gu ru bar,
	zèru èl- lum	der erhabene Spross
	šá ilu Šú-ḳa-mu-nu	Šuḳamunus,
	ni-bi-it ilu A-nim u ilu Bèl	der Berufene Anus und Bels,
	ilu È-a u ilu Marduk	Eas und Merodachs,
	ilu Sin u ilu Šamaš	Sins und Samas',
	èt- lum da- an- nu	der mächtige Herr
	šá ilu Iš- tar ga- rit- ti[c]	Istars, der Heldin
	i- la- a- ti a- na- ku	der Göttinnen, bin ich.

1 Das Fehlen des Determinativs *ilu* lässt sich nicht als Gegengrund einwenden, denn es fehlt auch II 8 sowie I 2. 13 und vielleicht — falls hier überhaupt ein Eigenname vorliegt — I 15. Dagegen steht es wohl VI 39 (vgl. 33 und 36); oder ist 𒁹 hier = *ana*?

2 Mein Text ruht auf sorgfältiger Collation des leider gerade in den wichtigsten Zeilen ziemlich beschädigten Originals. Die Abweichungen von Pinches' Ausgabe V R 33 gebe ich, zugleich mit etlichen das Verständniss betreffenden Notizen, in unmittelbarem Anschluss an den Text selbst. Natürlich will ich meine abweichenden Lesungen nicht ohne Weiteres als bessere oder gar als die einzig richtige gegenüber denen meines verdienten Mitarbeiters aufgefasst sehen. Von Divergenzen ausserhalb der Eingangsworte merke ich unter andern gelegentlich an: I 46: *a-na*; *na* scheint mir nach den Spuren unmöglich. I 50: für mehr Zeichen als *ta* scheint kein Raum. II 8 lies statt des Zeichens *kisallu* das ganz ähnliche mit eingefügtem *pa*. II 23: *lu-ú-šé-me šib-šú-(nu-ti)*. II 29: für mehr Zeichen als *ti* scheint kein Raum. II 45: *lu-ú*. IV 38: erstes Zeichen ebensogut *tu* als *ta*. V 44: letztes Zeichen *kit* (*kid*).

šar mil- ki u ta- šim- ti	Ein König des Raths und der Klugheit,
šar taš- mè- è u sa- li- mè	ein König der Erhörung und Gnade,
mâr ur ši gu ru bar[b]	Kind ur ši gu ru bar,
li- ip- li- i[p- pu]	Sprössling
šá a- bi- gu(??) [ ][a]	von a-bi-gu ?? [ ],
ḳar- ra- du [èk-] du[d]	ein Held, jugendkräftig,
i(?)- na(?) zir(?) rap(??)- šu	?
ablu rèš- tu- ú[e]	der erste Sohn
šá a- gu- um ra- bi- i[f]	des *agum*, des Grossen,
zèru èl-lum zèr šarru-ti	der glänzende Spross, der königliche Spross,
ta-[g] mi- iḫ ṣir- ri- ti	der das Scepter trägt,
šar(?)- ḫum(?)[h] rè- è- ú	übergewaltig, ein Herrscher.
ga-[i] aš- ru a- na- ku	ein machtvoller, bin ich.
rè- è- i	Ein Herrscher
nišè rapšà- tim	über weite Völker,
ḳar- ra- du	ein Held,
rè- è- a- um	ein Herrscher,
mu- ki- in	welcher fest gründet
išid kussè a- bi- šu	das Fundament des Throns seines Vaters,
a- na- ku	bin ich.

šar kaš- ši- i	König von Kaššû
u ak- ka- di- i	und Akkadû,
šar màt Bàb- ilu ki	König von Babylonien,
ra- pa- àš- tim	dem weitgedehnten,
mu- šè- ši- ib	der da ansiedelte
màt Aš- nun- na- ak nišè	in Ašnunnak weite
rapšà-tim šar màt[k] Pa-da-an	Völker; König der Länder Padan
u Al-ma-an šar màt Gu-ti-i	und Alman, König von Gutû,
nišè[k] šak-[l] la- a- ti	. . . Völker,
šarru muš- ta- àš- kin[m]	ein König, welcher dienstbar machte
kib- rat ar- ba- 'i- i	die vier Weltgegenden,
mi- gir ilàni rabûtē	ein Verehrer der grossen Götter,
a- na- ku	bin ich.

[a] Spuren von *a-gu-um* sind nicht zu sehen; man konnte sogar vermuthen, es sei überhaupt nur für zwei Zeichen Platz. [b] oder: taš ši gu ru maš. [c] = *ḳa-rid-ti*, Fem. von *ḳardu*, Asurb. 122, 44. [d] *du* scheint mir nahezu sicher; Pinches ergänzt: [èl-lum]. [e] Pinches: rèš-tu; aber ich sehe Spuren von drei Zeichen, deren erstes wohl sicher *rès*, das letzte wohl sicher *ú* ist. [f] alle Zeichen klar und zweifellos. [g] Pinches liest *um* und übersetzt (im *Guide to the*

Kouyunjik Gallery, 1883, p. 9): »*of the royal seed of Ummih-sirriti*«; aber das könnten die Worte nicht bedeuten, selbst wenn *um* richtig wäre. *Ta* ist sicher; für *sirritu* »Stab, Scepter« als Synonym von *šibirru*, siehe K. 4399 Rev.; für *šibirru* »Stab, Scepter« siehe Haupt, Keilschrifttexte S. 120, 16. h) oder tur i ši (Pinches)? oder tur gal lum? i) *ga* nach Spuren und Zusammenhang sicher. k) so bietet das Original. l) šag, sag. m) oder ḳi.

Die Erklärung dieses Textes ist mit mannichfachen Schwierigkeiten verknüpft. In der ersten Zeile erwartet man mit Recht den Namen des Königs, und man wird sich desshalb Pinches' Ergänzung *A-gu-um* schwerlich entziehen können, wenn man nun einmal in den folgenden Columnen *A-gu-um* für den Königsnamen hält. Eine andere Frage ist, ob *ka-ak ri-mé* mit zu dem Eigennamen hinzuzunehmen ist. Die meisten thun dies und halten *Agum* für abgekürzt aus dem längeren und volleren Namen *Agum-kak-rimé*; so auch Pinches, der V R 33 die Ueberschrift gegeben hat: »*Inscription of Agū-kak-rimē*«. Eine solche Namensabkürzung, bei welchem nur der erste Namensbestandtheil übrig geblieben wäre, stünde freilich ganz vereinzelt, und noch unerhörter und unmöglicher würde die Abkürzung sein, wenn man in Agum etwa gar einen Gottesnamen erblicken wollte — mit einem Gottesnamen schlechtweg hat sich kein König Babyloniens oder Assyriens jemals benannt[1]. Soweit unsere jetzige assyrische Kenntniss reicht, kann *ka-ak ri-mé* nur bedeuten: Waffe (st. cstr. von *kakku*) der Schützlinge (*rimu* urspr. »geliebt, begnadigt« von *ra'âmu* = רחם, wovon das häufige Abstractnomen *rimûtu*[2] »Zustand des Begnadigtseins, Begnadigung«). *Kak rimé* in dieser Fassung könnte möglicherweise ein rühmendes Attribut des Königs Agum sein, durch welchen er sich als eine Schutzwehr aller derer, denen er seine Huld zugewendet, bezeichnet. Eine zweite nicht minder schwierige Frage ist, auf welchen Zeilen der König seine unmittelbare Abstammung namhaft macht. Pinches[3] hält Agum-kak-rimé für den »*son of Tašši-gurumaš, grandson of Abi-gu[rumaš]*«. Aber gegen diese Fassung der

1) Das *Šalmânu* III R 4 No. 2, 40 wird durch *Šalmânu-uššir* Z. 1 als Versehen oder Nachlässigkeit des Schreibers erwiesen.

2) Nicht *talmûtu* Haupt, zu lesen; vgl. *rimûtu* »Begnadigung« Asurn. III 56. 76. Salm. Ob. 170.

3) *Guide to the Kouyunjik Gallery*, p. 9.

Zeilen 2 und 13 ff. lässt sich die Frage einwenden, warum sich denn der König nicht im ersten Abschnitt, wie als Sohn des und des, so auch gleich als Enkel des und des bezeichnet hat — dies ist wenigstens in allen sonstigen Königsinschriften Brauch. Und wie erklärt Pinches Z. 18 f.? Ich glaube, wenn irgendwo, so ist in Z. 19 der Name des Vaters erhalten, denn was sollte auf »erster Sohn des« anders folgen als eben der Name des Vaters? Als dieser Vatersname scheint mir nun aber nicht *Agum-rabi* d. i. »Agum ist gross« genommen werden zu dürfen, denn mag man in *Agum* einen Gott oder sonst ein Wort indifferenter Bedeutung sehen — ich wüsste nicht, wie dann eine andere Person *Agum* schlechtweg heissen könnte. Vielmehr scheint sich der König Agum »erster Sohn Agum's, des Grossen« zu nennen — gross war sein Vater als der Begründer einer Dynastie (I 28 f.) und den Namen seines glorreichen Vaters trägt mit Stolz auch sein Sohn. Ist dem so, dann, aber auch nur dann allein, könnte *kak-rimê* sogar zu dem Namen selbst gezogen werden, es könnte ein Agum, dem Sohn, etwa vom Volk gegebener Zusatzname sein. Auf alle Fälle sind Z. 2 und 13 kein Grund gegen diese unsere Fassung der Zeilen 18. 19. Denn wie so oft[1], wird *mâr ur-ši-gu-ru-bar* oder wie man nun lesen mag einfach die Zugehörigkeit des Königs zu dem und dem Hause oder Stamme bezeichnen, nicht die eigentliche Sohnschaft. Agum rühmt sich als zugehörig zu einem Geschlecht oder Hause Namens *Uršigurubar*, einem zweifellos kossäischen Geschlecht, wie Z. 4 die Zurückführung des Geschlechtes auf den Kossäergott Šuḳamunu, dessgleichen Z. 31 beweist, und als Angehöriger dieses Hauses kann er sich Sprössling eines berühmten Ahnen, dessen Name Z. 15 leider verstümmelt ist, rühmen — Sohn, eigentlicher Sohn aber bleibt darum Agum immer von Agum, dem Grossen, welcher, Haupt einer berühmten Kossäerfamilie, obendrein den babylonischen Königsthron sich gewann, auf welchem sich dann sein Sohn mit Hülfe der von ihm reich beschenkten Priesterschaft Babylons zu erhalten wusste. Der Name Agum selbst mag semitisch sein, trotzdem dass seine Träger kos-

1 Vgl. z. B. oben S. 15 Anm., wo die Könige, welche *mâr m Ba-zi* genannt sind, hierdurch ebenfalls als lediglich dem Haus oder der Dynastie des Bazi zugehörig charakterisirt sind.

säischen Geblüts waren (vgl. S. 14): das Wort könnte vielleicht mit *a-gu-um* »Krone« irgendwie zusammenhängen.

Was nun die Regierungszeit dieses Königs Agum(kakrimê) betrifft, so wird diese zwar gewöhnlich sehr alt angesetzt, von Pinches[1] z. B. in das 17. Jahrhundert, aber, so viel ich sehe, liegt nichts vor, was auf eine so alte Zeit hinführte. Nichts, gar nichts nöthigt, diesen Kossäerkönig vor die semitisch-kossäische Periode zu versetzen, im Gegentheil giebt sich die Inschrift ihrer ganzen Fassung nach weit mehr als jüngeren denn älteren Datums. Aus der Wegführung der Gottheiten Babylons nach dem im Westen gelegenen Ḫâna-Land[2] und ihrer Zurückholung von dort lässt sich Positives nicht schliessen: denn kriegerische Verwickelungen Babyloniens mit dem Westland sind auch schon für die älteste Zeit bezeugt. Aber dass auch während der semitisch-kossäischen Periode derartige Verwickelungen stattfanden, lehrt unter anderm der Eingang der Schenkungsurkunde Nebukadnezars I, wo sich dieser König *kâšid mât aḫârê* »Eroberer des Westlandes« nennt.

Noch auf Eines mache ich endlich aufmerksam. Der König Agum sagt col. I 36 f. von sich, er habe im Land Ašnunnak (*mât Aš-nun-na-ak*) zahlreiche Völker oder Volksangehörige angesiedelt. Es liegt am nächsten, unter diesen Volksangehörigen an Stamm- und Volksgenossen des Königs selbst, an Kossäer, zu denken, welchen der König neue und bessere Wohnsitze zu eigen gab. Wie ich schon anderwärts vermuthet, wird dieses Land *Ašnunnak* wohl identificirt werden dürfen mit jener schon in ältester Zeit wiederholt genannter Stadt und Landschaft *Èš-nun-na ki*, auf dem Cyruscylinder (V R 35, 31 *mât Èš-nu-nak* geschrieben, welche an der Grenze Elams westlich vom Uknû d. i. dem Kercha gelegen ist[3]. In diesem zwar den Ueberschwemmungen ausgesetzten, aber äusserst fruchtbaren, dabei politisch bedeutsamem Gebiet Südbabyloniens verstärkte also Agum den

1 *Guide* p. 9.

2 Naheres über dieses Land siehe Paradies S. 104 f. 270.

3 Zum Lautwerth *èš* des Zeichens *ab* siehe S^b 189. Der Name ist sumerisch und bed. »grosses Haus« (Grosshausen). Die Schreibung *Iš-nu-nak* scheint I R 66 No. 2 col. II 3 vorzuliegen. Für *Èšnunak* (*Abnunak*) wie für *Umliaš* siehe Paradies S. 230 f.

kossäischen Einfluss drunten am persischen Meerbusen, welchen wir schon zur Zeit des Simmaššiḫu, jenes Kossäerkönigs aus der Dynastie des »Meerlandes« (siehe oben S. 16 Anm.), zu constatiren hatten. Ja sehe ich recht, so ist der bekannte jüngere Name für jene im Sumerischen *Ėšnunak* genannte Provinz, nämlich *Um-li-ia-aš*, echt kossäisch, gebildet genau so wie *Ub-ri-ia-aš*, der kossäische Name Râmân's. Kossäer also seit dem 16. Jahrhundert von Akkad bis hinab zum persischen Meer in machtvollster Stellung — ists verwunderlich, dass das hebräische Volk, dessen Gesichtskreis, was Babylonien und Assyrien betrifft, nicht über das 16. Jahrhundert zurückreicht, wie ja die alte Reichshauptstadt Aššûr den Hebräern unbekannt ist, ists verwunderlich dass das hebräische Volk die babylonische Staatenbildung überhaupt auf כוש, dass es Nimrod, den Jäger und Städtegründer, zu einem Kuschiten oder besser Kossäer[1] macht? und gewinnt nicht die in meinem Werk über die Lage des Paradieses vorgetragene Ansicht, es möchte das כוש der Paradieseserzählung von Babylonien zu verstehen sein und der Name *Kašdim* selbst mit diesem Volk *Kaššû* in Zusammenhang stehen, mehr und mehr an Gewicht?

Ich schliesse diesen Anhang mit einer tabellarischen Uebersicht über die Geschichte Babyloniens von dem ersten Kossäerkönig ab bis auf Phul, also über den V. und VI. Abschnitt, in welchen die Berosseische Tradition die Geschichte Babyloniens eintheilt (V.: 9 Araberkönige 245 Jahre. — Post quos annos etiam ipsam Semiramidem in Assyrios dominatam esse tradit. — VI.: 45 Könige bis Phul 526 Jahre)[2].

Ein Komma hinter den Namen bez. deren Appositionen bezeichnet unmittelbare Nachfolge; Punkte verbinden diejenigen babylonischen und assyrischen Könige, deren Gleichzeitigkeit monumental bezeugt ist.

1) Die Ansicht Schraders (Keilinschriften und das Alte Testament, 2. Aufl., S. 87 ff.) und Hommels (Augsb. Allg. Z. Beil. 1881, S. 3354 b), dass das כוש Gen. 2, 13. 10, 8 einfach auf Missverständniss beruhe, drängt sich auch mir mehr und mehr auf.

2) Auch die den 9 Araberkönigen vorausgehenden 49 Chaldaeorum reges (mit im Ganzen 458 Jahren), welche sicherlich ebenfalls in Babylon residirten, sind jetzt wenigstens ihren Namen und ihrer ungefähren Reihenfolge nach bekannt.

Babylonische Könige.	Assyrische Könige.

9 Araber- oder Kossäerkönige

c. 1525—1280 v. Chr.

Fehlen 1 oder 2 Kossäerkönige.	
Karaïndaš.	Ašûrbêlnišêšu c. 1470,
Burnaburiāš, des Vorigen Sohn, . .	Puzur-Ašûr c. 1440, wahrsch. d. Vor. S.,
Karaḫardaš, des Vorigen Sohn, . .	Ašûruballiṭ c. 1410, höchst wahrsch. d. Vor. S.,
Nazibugaš,	
Kurigalzu, jüngerer Sohn des Burnaburiāš. . .	Bêlnirâri, d. Vor. S.,
	Pudilu, d. Vor. S.,
Nazimaraddaš	Râmânnirâri I. d. Vor. S.,
Karaburiāš	Šalmânuššir I c. 1330, d. Vor. S.,
	Tukulti-Adar I c. 1305, d. Vor. S., vorübergehend Eroberer Babylons.

Semiramis

c. 1280—1257 v. Chr.

45 Könige bis Phul

1257—731 v. Chr.

(Semitisch-kossäische Periode bis c. 910.)

Râmân [baliddina?]	Bêlkudûruṣur c. 1220,
	Adarpalêšara c. 1200, wahrsch. d. Vor. S.,
Adar Zamama šumiddina	Ašûrdân I c. 1175, d. Vor. S., regierte 60 Jahre vor Tiglathpileser I und wurde sehr alt,
Simmaššiḫu 17 Jahre,	
Êaœukinzêru $\frac{1}{4}$ J.,	
Kaššûnâdinâḫû 6 J.,	Mutakkil-Nusku, d. Vor. S.,
(Ina) Êulbaršurkiddina 15 J.,	
Nabûkudûruṣur 2 J.	Ašûrrêšiši c. 1130, d. Vor. S.,
Amêl-Šukamuna $2\frac{1}{4}$ ($3\frac{1}{4}$) J.,	
Ein Elamit 6 J.	
Mardukuâdinâḫê wenigstens 10 J. . .	Tukultipalêšara I c. 1115 — wenigstens 1105, d. Vor. S.,
Mardukšâpikzêrmâti,	
Râmânbaliddina (Sohn des Êsakkilšâdûni) . .	Ašûrbêlkâla c. 1100, d. Vor. S.

Babylonische Könige.		Assyrische Könige.	
Kudúr-Bêl.	Zwischen 1090 und 910. Reihenfolge ganz ungewiss. Durchschnittsdauer der einzelnen Regierungen 10 Jahre.	Ašûrḫirbi.	Zwischen 1090 und 930.
Šagašaltiâš c. 1050. d. Vor. S.			
Agum,			
Agum (kakrimê), d. Vor. S.			
Èrbâ-Marduk.			
Mêlišiḫu, d. Vor. S.?.			
Mardukbaliddina I. d. Vor. S.			
Ulamburiàš.			
Kara-Bêl.		Èrbâ-Râmân.	
Ulamḫarbê.			
Mêliḫali.			
Mêli-Šibarru.			
Mêlisaḫ.			
Nimgirabi.		Ašûrnâdinâḫê.	
Nimgirabisaḫ.			
Nimgirabiburiàš.			
Karasaḫ.			
Nazišiḫu.			
Naziburiàš.		Ašûrdân II c. 930—911,	
Šamašmudammiḳ, Nabûšumiškun.	. . . .	Râmânnirâri II 911—890, d. Vor. S.,	
		Tukulti-Adar II 890—884, d. Vor. S.,	
Sibir. Nabûbaliddina wenigstens 31 J., Mardukšumiddina, d. Vor. S.	. . . . . .	Ašûrnâṣirpal 884—860, d. Vor. S., Šalmânuššir II 860—824, d. Vor. S.,	
Mardukbalâṭsuiḳbi	. . . .	Šamši-Râmân III 824—811, d. Vor. S.,	
		Râmânnirâri III 811—782, d. Vor. S.,	
		Šalmânuššir III 782—772,	
		Ašûrdân III 772—754,	
Nabonassar 747—733,		Ašûrnirâri 754—745,	
Nadios 733—731,			
Ukinzêr (Chinziros 731)	. . . . .	Tukultipalêšara II (Phul) 745—727.	
		Phul (Poros) 731—727.	

Es fehlen uns hiernach nur noch zwei an den 9 Kossäerkönigen und fünf an den 45 Königen bis Phul. Ob unter diese fünf der König *Rêm-an A-gam(?)-um* IV R 35 No. 8 gehöre, lasse ich dahingestellt.

B.

Der babylonische nicht-kossäische König Hammurabi.

In der oben S. 19 ff. erwähnten und auszugsweise mitgetheilten »Rassam'schen Königsliste« folgen col. I 48 und 49 auf die Ueberschrift: »die folgenden waren König von Babylon nach der Fluth; in gegenseitige Reihenfolge sind sie nicht gereiht«, zunächst die beiden Namen Ḫa-am-mu-ra-bi und Am-mi-di-dug-ga, an welche sich dann mit Kurgalzu sieben Kossäernamen anschliessen. Die Bemerkung der Ueberschrift »in gegenseitige Reihenfolge **sind sie nicht gereiht**« warnt ausdrücklich davor, jene beiden Könige mit einander wie auch mit Kurgalzu und den ihm stammverwandten Herrschern chronologisch zusammenzureihen, und der nichts weniger als kossäische Name *Ammi-di-dug-ga* schiebt obendrein einen Riegel zwischen Ḫammurabi und die Kossäer. Es ist also, was diese Königsliste betrifft, durch nichts, absolut nichts angezeigt, Ḫammurabi mit den Kossäern in nähere Verbindung zu bringen und selbst zu einem Kossäer zu stempeln. Die fast allgemeine Ansicht, Ḫammurabi sei ein Kossäer gewesen, widerstreitet dem klaren Wortlaute jener Ueberschrift und bildet einen Fundamentalirrthum fast aller bisher aufgestellten altbabylonischen chronologischen Systeme[1]. Und wenn einige (zeitweilig ich selbst) soweit gegangen sind, den Namen, was an sich möglich, *Ḫammuragaš*

1 Pinches (im *Guide to the Kouyunjik Gallery*, p. 5. 8) scheint sogar 2 Könige Namens Ḫammurabi anzunehmen: den der Rassam'schen Königsliste, welchen er einer *Kassite dynasty* angehören lässt, und den, von welchem wir nichtsemitische und semitische Inschriften besitzen. Von letzterem bemerkt Pinches: »*He is supposed to have been of Kassite or Cossaean descent, but it seems more likely that he was a native of Babylonia, named after a very ancient and, perhaps, renowned conqueror of Babylonia.*

zu lesen, um ihm auch äusserlich einen kossäischen Anstrich zu geben, so widerstreitet dem, dass der Name Ḫammurabi's allüberall und selbst in Texten, welche möglichst mit einfachen Sylbenzeichen geschrieben sind, in seinem letzten Bestandtheil durchweg nur *bi*, niemals *ya-aš*, sich geschrieben findet.

Es lässt sich jetzt aber auch direct beweisen, dass Ḫammurabi **lange vor** der Zeit der 9 Araber- oder Kossäerkönige und der an sie sich anschliessenden semitisch-kossäischen Periode regiert hat. Das Zeitalter Ḫammurabi's sowohl wie Ammididugas erhellt wenigstens im Allgemeinen aus jenem bekannten kleinen neubabylonischen Thontäfelchen (bezeichnet 80. 11—12. 3), welches auf der Vorderseite 11 Könige der Dynastie (*palû*) von *Tin-tir ki* d. i. Babylon, auf der Rückseite 11 Könige[1] der Dynastie von  *ki* aufweist. Da sich die letzteren 11 Könige der Rückseite, wie mir Pinches auf Grund einer neuen von ihm gefundenen babylonischen Königsliste[2] freundlich mittheilte, unmittelbar an die 11 Könige der Vorderseite an-

1) Das Täfelchen selbst summirt irrig 10 Könige. — Ich habe in Mürdter's Kurzgefasster Geschichte Babyloniens und Assyriens (Stuttgart 1882) S. 277 das in Rede stehende Täfelchen ein »Schülertäfelchen« genannt. Es wird als solches durch seine äussere Form wie durch seinen Inhalt erwiesen. Wie wir eine Reihe von Schülertäfelchen besitzen, welche kleine Abschnitte aus dem grossen Syllabar Sb enthalten oder sonst der Erlernung der sumerischen und assyrischen Schrift und Sprache gewidmet sind (mehrere derselben sind bekanntlich V R 31 veröffentlicht), so ist unser Täfelchen augenscheinlich ein Excerpt aus einem grösseren chronologischen Werke. Was sich Dr. Hommel gedacht haben mag, als er diese meine unumstösslich richtige Anschauung »ungeheuerlich« nannte, welche »nur dazu geeignet sei, die Assyriologie in weitesten Kreisen zu discreditiren«!! (siehe Vorsemitische Kulturen, S. 339), Als ob es nicht gute, ja vorzügliche Schülerarbeiten gäbe! Auch nicht der leiseste Zweifel an dem Werthe obigen Täfelchens liegt in meiner Bezeichnung, im Gegentheil erkläre ich offen und ohne Uebertreibung, dass mir dieses winzige Thontäfelchen des jungen Babyloniers unendlich viel werthvoller und verlässiger ist als alle bisherigen chronologischen Systeme der ältesten Geschichte Babyloniens miteinander. Wenn auf der Hammurabi-Inschrift des Louvre der Name des Vaters Ḫammurabis anders als *Sinmuballiṭ* zu lauten scheint, so mag Hommel überzeugt sein, dass auch ich dem jungen Babylonier weit eher traue als einer augenscheinlich wenig genauen und mit willkürlichen Ergänzungen ausgestatteten modernen Textedition.

2) Recht baldige Veröffentlichung dieser nach Pinches' mündlichen Andeutungen gewiss sehr werthvollen Königsliste möge auch hierdurch in Anregung gebracht sein.

schliessen, so erhalten wir in ununterbrochener chronologischer Reihenfolge die folgenden 22 Könige:

1. Su-mu-a-bi [a], König, XV Jahre [b].
2. Su-mu-la-an(?) XXXV »
3. Ṣa-bu-ú, des Vorigen Sohn [c], XIV »
4. A-bil-ilu Sin [d], d. Vor. S., XVIII »
5. ilu Sin [d]-mu-bal-liṭ, d. Vor. S., XXX »
6. Ḫa-am-mu-ra-bi, d. Vor. S., LV »
7. Sa-am-su-i-lu-na, d. Vor. S., XXXV »
8. È-bi-šum, d. Vor. S., XXV »
9. Am-mi-di-ta-na, d. Vor. S., XXV »
10. Am-mi-di-dug [e]-ga, d. Vor. S., XXI »
11. Sa-am-su(?)-di-ta(?)-tam, d. Vor. S., XXXI »

} Dynastie von Babylon.

12. An-ma-an, König.
13. Ki-an-ni-bi.
14. Dam-ki-ni-ni-šu.
15. Iš-ki-bal.
16. Šú-uš-ši.
17. Gul [f]-ki- .
18. Kir-gal-? [g]-maš, des Vorigen Sohn [c].
19. A-? [g]-kalam-ma, des Vorigen Sohn.
20. A-kur-ul-an-na.
21. Mè-lam [h]-kur-kur-ra.
22. ilu È-a-ga-mil [i].

} Dynastie von  *ki*.

a Sämtlichen Namen geht das Determinativ  voraus. b) Durchweg ideographisch  (*mu* XV u. s. f.) geschrieben. c geschrieben durchweg *mār* . d geschrieben . e) geschrieben . f) . g das fragliche neubabylonische Zeichen ist 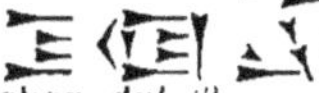; Pinches (in *Proceedings*, 11th January 1881, p. 43) liest das Zeichen *dub* (?). h) geschrieben mit dem Zeichen *ne*. i) Zeichen *iš, mil*. Pinches (*l. c.*) liest *ka* (?).

Fragen wir, welcher der sechs von Berossos überlieferten Perioden babylonischer Geschichte diese Könige zuzuweisen sind, so kann, da die V. Periode der 9 Araberkönige und die VI. der 45 Könige bis auf Phul, nicht minder die II. der medisch-elamitischen Fremdherrschaft von selbst wegfallen [1], zunächst die IV., den Araberkönigen

1) Dass die 22 Könige lange vor Simmaššihu und dessen Nachfolger regiert haben, zeigt auch das S. 14 ff. Anm. 3 besprochene Tafelfragment; denn während die Notizen über Simmaššiḫu u. s. f. auf col. V erhalten sind, bietet, durch

voraufgehende, Periode von 49 Königen mit im Ganzen 458 Jahren in Betracht kommen. Aber auch diese hält nicht Stich. Denn wenn die 11 Könige der Dynastie von Babylon bereits 304 Jahre Regierungsdauer für sich in Anspruch nehmen, so würden für die übrigen 38 Könige nur 154 Jahre verbleiben — eine Durchschnittszeit von nur 4 Jahren scheint aber kaum glaublich. Die 11 Könige der Dynastie von Babylon aber loszutrennen und den 11 Königen des III. Berosseischen Zeitabschnittes von unbestimmter Dauer (von 248 Jahren?) gleichzusetzen, scheitert ebenfalls an jenen 304 Jahren: meinte Berossos wirklich die 11 Könige obigen Täfelchens, unter ihnen Ḫammurabi, so wusste er gewiss auch die genaue Zeitdauer dieser ältesten und bedeutendsten babylonischen Dynastie, und schaltete diese Könige mit dreihundert Jahren nicht zwischen die Elamiten und die 49 Könige (von 1983 oder meinetwegen 1958 v. Chr. an). So bleibt einzig und allein der grosse I. Abschnitt von 86 Königen[1], welche der medisch-elamitischen Fremdherrschaft vorausgingen. Und dass diesem Abschnitt Ḫammurabi, seine Vorgänger und Nachfolger einzugliedern sind, lässt sich, vielleicht wenigstens, monumental noch erweisen. Ich stütze mich für diese Vermuthung auf die leider unvollständige Tafel, welche III R 38 No. 2 veröffentlicht ist und deren abermalige Veröffentlichung nebst genauer Beschreibung höchst wünschenswerth scheint. Das Tafelfragment enthält auf der Vorderseite eine gewiss aus babylonischen Quellen geschöpfte Beschreibung der letzten Jahre des babylonischen Reichs vor der elamitischen Eroberung und all der Noth und Trauer, welche die fremdländischen Tyrannen über Šumêr und Akkad gebracht. Auf der Rückseite aber lesen wir, verstehe ich anders das Fragment richtig, einen Klaggesang des letzten jener babylonischen Könige. In diesem geschieht nun auch einer Stadt Namens *Kar-dûr-A-bil-au Sin* (Z. 64) Erwäh-

---

grosse Lücken getrennt, die vorausgehende col. IV die Anfangszeichen obiger 22 Königsnamen (nämlich der Namen von 2. 3. 4. 5. 12). Beide Columnen gehören der Rückseite der Tafel an, nicht der Vorderseite, wie Pinches eine Zeit lang annahm (siehe *Proceedings*, 11th January 1881, p. 42).

1) Trotz der diesen 86 Königen von Berossos zugeschriebenen langen Regierungsdauer von 33091 (34091) Jahren können dieselben unmöglich als samt und sonders vor- d. h. ungeschichtlich gefasst werden.

nung. Sind wir berechtigt, den Abil-Sin, nach welchem diese Stadt benannt ist, mit dem gleichnamigen 4. König obiger Liste zu identificiren, so müssen diese sämtlichen Könige in der Zeit vor der elamitischen Fremdherrschaft[1], also während des dritten vorchristlichen Jahrtausend und zwar vor c. 2300 regiert haben.

Ich weiss nun wohl, dass einige diese ganze Betrachtung für überflüssig halten und mir Nichtkenntniss einer völlig gesicherten historischen Thatsache vorwerfen werden, der Thatsache nämlich, dass ja Ḫammurabi es gewesen, der die elamitische Fremdherrschaft in der Stadt Larsam gestürzt und Kudurmabuks Sohn, den König von Larsam, besiegt habe[2]. Allein dieses Factum scheint mir ganz und gar nicht gesichert, es ruht vielmehr, so viel ich sehe, auf einer verhängnissvollen Täuschung, auf voreiliger Identification zweier grundverschiedener Namen und Persönlichkeiten: der König Rêm-Sin, der Zeitgenosse Ḫammurabi's (vgl. z. B. IV R 36 No. 21), hat mit dem elamitischen Königssohn Arad-Sin gar nichts zu schaffen. Man hat ihre Namen lediglich identisch gemacht, indem man *Arad-Sin*

1 Gemäss V R 6, 107 ff. erbeutete Asurbânipal bei der Eroberung von Susa (frühestens 645, spätestens 640 v. Chr.) auch das Bildniss der Göttin Nanâ von Erech, nachdem dieses 1635 Jahre (vgl. III R 38 No. 1 Obv. 16) in Feindesland gewesen war. Die Eroberung Erechs durch den Elamiten Kudurnanḫundi (*Ku-dur-na-ḫu-un-di* III R 38 No. 2 Obv. 60. No. 1 Obv. 12) fand hiernach etwa 2280 statt. Da aber gemäss III R 38 No. 2 Obv. 60 nicht Kudurnanḫundi selbst, vielmehr sein Vater es war, der den babylonischen König . . . *šum-iddina* verjagte, andrerseits aber die Eroberung Erechs nicht allzuspät dem Falle der damaligen Hauptstadt Babylon gefolgt sein dürfte, so erhalten wir für den Beginn der elamitischen Tyrannis rund 2300 v. Chr. Von den 8 »medischen Tyrannen« des Berossos (mit im Ganzen 224 Jahren) sind bis jetzt die folgenden 7 bekannt: der »Vater« Kudurnanḫundis, sein Sohn Kudurnanḫundi, Simtišilḫak (I R 2 No. III 5), sein Sohn Kudur-Mabuk und dessen Sohn Arad-Sin (für die beiden letzteren siehe I R 2 No. III. 5 No. XVI. IV R 35 No. 6); der biblische Kedor-La'omer (Kudur-Lagamara) und endlich der Ḫumbaba der Izdubar-Legenden.

2 So sagt Pinches (*Guide* p. 8): »*Ḫammurabi ruled at Babylon, whilst Kudur-Mabug and Rim-Agu his son governed the south and east of the country; but, being a more vigorous ruler and warrior, he defeated their forces and made himself master of the whole of Babylonia*«. Ebenso äusserte sich schon George Smith in *Assyrian Discoveries* p. 233 f. Und ähnlich bemerkt Hommel in Vorsemitische Kulturen S. 344: »Nun wissen wir aus Contracttafeln aus Chammuragas' Zeit, dass er den König Eriv-Aku von Larsa und die mit diesem verbündeten Elamiten besiegte und damit überhaupt den Königen von Larsa ein Ende machte.

nichtsemitisch *Èrè(m)-Aku*, und *Rêm-Sin* dem entsprechend *Rêm-Aku*, ja sogar *Rêv-Aku* las. Aber hiergegen spricht einmal, dass das Ideogramm des Mondgottes *èn zu* sonst immer nur *Sin* zu lesen ist, die Lesung *Aku* dagegen stets durch rein phonetische Schreibung *A-ku* an die Hand gegeben wird[1]; und sodann, selbst die Berechtigung der Lesung *Aku* zugegeben, würde ja doch in *Èrè(m)-Aku* der erste Namensbestandtheil das sumerisch-akkadische Wort *èrè(m)* »Knecht, Diener«, in *Rêm-Aku* dagegen das semitische Wort *rêmu* »Geliebter« sein. Zwei Namen und Personen aber, so verschieden wie *Èrè(m)-Aku* »Diener des Mondgottes« und *Rêm-Aku* »Liebling des Mondgottes« (ein Name wie *Narâm-Sin*) mit einander zu vermengen, ist ebenso unerhört als wollte man *Ašûrnâṣirpal* und *Ašûrbânipal* wegen ihres ähnlich lautenden Namens zu Einer Person stempeln. So fällt Ḫammurabi's Gleichzeitigkeit mit der Schlusszeit der elamitischen Tyrannis schon aus rein sprachlichen Gründen, und meiner eigenen chronologischen Einreihung Ḫammurabi's steht wenigstens von dieser Seite her kein Hinderniss im Wege[2].

Was nun den Namen Ḫammurabi's betrifft, so sind zunächst etliche Bemerkungen über die Namen seiner unmittelbaren Vorgänger und Nachfolger vorauszuschicken. Man mag betreffs Lesung und Deutung jener Königsnamen noch so zurückhaltend sein, so viel steht

---

[1] Die auch von mir früher angenommene Einheit von Kudurmabuks Sohn Arad-Sin bez. Èrè(m)-Aku mit dem biblischen אַרְיוֹךְ möchte ich nicht mehr so zuversichtlich vertreten. — Durch nichts berechtigt scheint mir auch die vielfach zu lesende Umschreibung der beiden obigen Namen durch *Rim-agu*; denn wenngleich das babylonische Pantheon einen Gott Agû aufweist (siehe III R 66 Obv. 14 a. Rev. 25 b: *ilu A-gu-u*), so müsste doch erst bewiesen werden, einmal dass dies ein Name des Mondgottes ist, und sodann dass wir das Ideogramm *èn zu* mit diesem Namen lesen dürfen. An dem Namen *Rê-im-ilu A-gam(gu?)-um*, eines — vielleicht weit jüngeren — Königs von Babylon (IV R 35 No. 8) hat jene Umschreibung offenbar keinerlei Stütze.

[2] Das genaue Datum von Ḫammurabi's Regierungszeit würde vielleicht durch col. II des Nabûna'id-Cylinders (I R 69) überliefert sein, wäre nicht der betreffende Abschnitt leider bis zur Unbrauchbarkeit beschädigt. Zur Zeit sind die col. II Z. 4 in Bezug auf Ḫammurabi und den Sonnentempel in Larsam erwähnten »700 Jahre« historisch nicht zu verwerthen. Vgl. auch George Smith's Bemerkungen in den *Transactions of the Society of Biblical Archaeology*, vol. I, 1872, p. 61.

gewiss fest, dass die Namen 3. *Ṣâbû* »Krieger«, 4. *Abil-Sin* »Sohn Sin's«, 5. *Sin-muballiṭ* »Sin schenkt das Leben«, 7. *Samsu-ilûna*[1] »Samas ist unser? Gott«, 8. *Ebišum* »handelnd« gutsemitisch, dagegen die Namen 15. *Iškibal* »Ueberwältiger (?) des feindlichen Landes«[2], 17. *Gulkišar* »Vernichter des feindlichen Landes«[3], 20. *Akur-ul(?)-ana* »Bêls Sohn ist der Schmuck (?) des Himmels«[4], 21. *Mêlamkurkura* »Glanz der Länder«[5] nichtsemitisch, sumerisch-akkadisch sind[6]. Die Namen bezeugen die bedeutungsvolle Thatsache, dass

1) So, mit *na* am Schlusse, auch IV R 36 No. 45—69 (*Sa-am-su-i-lu-na*). Smith, *Transactions* I, p. 62 erwähnt auch die Schreibung *Sa-am-su-i-lu-an*.

2) Ist der auf *bal* endende Name der »Rassam'schen Königsliste« (col. I) zu *Iškibal* zu ergänzen, so würde obige Deutung durch die assyrische Uebersetzung *Sâpin mât nukurti* gesichert sein. Für *ki-bal* = assyr. *mât nukurti* siehe z. B. II R 38, 17 g. h. IV R 26, 1/2 a. 30, 8/9 a. Ist *iš* vielleicht phonetische Schreibung für das Zeichen II R 48, 23 c?

3) Für *gul* = *abâtu* »zu Grunde gehen«, II 1 »zu Grunde richten« siehe S^b 338. II R 19, 59/60. 63/64 b. *Ki-kur* = *mât nukurti* bedarf keiner Erklärung. Die Rassam'sche Königsliste bietet einen auf *šar* ([illegible]) auslautenden Königsnamen mit der assyrischen Uebersetzung *Mu-ab-bit kiš-ša-ti* »Vernichter der Gesamtheit«. Hiernach wohl liest Pinches (*Proceedings*, 11th January 1881, p. 43) auch den obigen Namen *Gul-kišar*.

4) In der Rassam'schen Königsliste durch *Mâr ilu Bêl û-su-um šamê-e* erklärt. Als »grosser Berg« findet sich Bel auch in col. III ebendieser Liste geschrieben. Zu [illegible] = *asâmu* siehe S^b 100 und vgl. meine Assyrischen Lesestücke, 2. Aufl., S. 73 Z. 16 ff.

5) Für *mê-lam* (zum sumerischen Lautwerth *lam* des Zeichens *nê* siehe Paul Haupt, Sumerische Familiengesetze, S. 35 f., sowie das Täfelchen K. 4412) = assyr. *mêlammu*, *šarûru* u. s. f. »Glanz« siehe IV R 18, 50/51 a u. a. St. m. einerseits, II R 35, 4—9 e. f andrerseits. Der Königsname gereicht der in meiner Schrift *The Hebrew Language etc.* p. 55 f. gegebenen Erklärung des assyrisch-hebräischen *šarru*, שַׂר zu erneuter Bestätigung.

6) Als semitisch könnten sonst vielleicht noch die Namen 1 (*Su-mu-âbi?*), 12 (*Ilûma-ilu?*), 13 (*Itti-ilu-ni-bi?*), 14 (*Damķi-ili-šu?*), 22 (*Êa-gâmil?*) gehalten werden; als nichtsemitisch geben sich auch die Namen 18 und 19. — Der Name Z. 10 *Ammi-diduga*, welchen die Rassam'sche Königsliste durch *Kim-tum kêt-tum* »die Familie ist festgegründet oder wahr« (legitim) übersetzt, ist in seinem zweiten Bestandtheil sicher nichtsemitisch; für *di* und *dugu* »festsetzen, bestimmen« vgl. II R 7, 33. 35 e. f. Dagegen ist mir ein nichtsemitisches Wort *ammi* »Familie« nicht bekannt. Ist etwa *ammi* semitisch (vgl. hebr. עַם?) und dann der zweite Namensbestandtheil dem Nichtsemitischen nur entlehnt? und verhält es sich mit der Uebersetzung durch *Kimtum kêttum* ähnlich wie beim Namen Ḫammurabi (siehe unten)? — Der Name Z. 14 *Šušši* veranlasst mich zu einer kurzen Notiz, die natürlich zu dem Namen als solchen ausser Beziehung steht. Seitdem assyr. *ḫaššu* »der fünfte« = *ḫanšu*, *ḫamšu* erwiesen ist, fasse ich auch das in den Texten

noch nach Ḫammurabi's Zeit das nichtsemitische Volk Babyloniens, das sog. sumerisch-akkadische Volk auch politisch eine mächtige Stellung einnahm und dem babylonischen Staat sogar Könige aus seiner Mitte gab[1]. Dass die sumerisch-akkadische Sprache zu Ḫammurabi's Zeit noch in lebendigem Gebrauch gewesen sein muss, ist schon hiernach unzweifelhaft; es wird zudem noch handgreiflich bewiesen durch die theils semitisch theils sumerisch geschriebenen, aus der Zeit Ḫammurabi's und seines Sohnes Samsu-ilûna datirten Privatcontracte, deren sumerische Unterschriften von Smith IV R 36 veröffentlicht worden sind. Auch die Zweifel, welche ich frühers gegen die Beweiskraft der, leider so fragmentarischen, bilinguen Inschrift Ḫammurabi's[2] im Britischen Museum geäussert[3], nehme ich um so lieber zurück, seitdem der von Rassam gefundene bilingue, im sog. akkadischen Dialekt und in Semitisch-Babylonisch geschriebene Thoncylinder Šamaššumukins, des Bruders Ašurbânipals, einerseits und die den Ausgrabungsarbeiten des französischen Consuls de Sarzec zu verdankenden Denkmäler von Telloh andrerseits meine Ansichten

Nebukadnezars wiederholt vorkommende Adverbium *šaššis* Neb. Bab. I 29, *šaššâniš*, im Hinblick auf Parallelstellen, einfach als = *šamšiš*, *šamšiš*, *šamšâniš* »sonnengleich«, wie ich denn auf einer noch unveröffentlichten Tafel in der Phrase *šumšu zêršu* »seinen Namen, seinen Samen mögen sie wegraffen« das erstere Wort *šu-uš-šu* geschrieben las.

1) Dass *Iškibal*, *Mêlamkurkura* u. s. f. nicht etwa nur ideographische Schreibweisen sind, lehren alle übrigen, rein phonetisch geschriebenen, Königsnamen des in Rede stehenden Täfelchens. Lediglich sumerische Benennung von Haus aus semitischer Könige aber scheint mir durch die Anzahl dieser sumerischen Königsnamen ausgeschlossen.

2) Von dieser bilinguen Inschrift Ḫammurabi's bemerkte schon Smith in seinen *Assyrian Discoveries* p. 233: *Another new monument discovered at Babylon is a large heavy stone with a bilingual inscription of Hammurabi. This bilingual text is written in double columns, on one side the Turanian, and on the other side the corresponding Semitic text*«. Die Inschrift wurde dann von A. Amiaud in *Recueil de travaux relatifs à la philologie et à l'archéologie égyptienne et assyrienne*, I, 1879, p. 180—190, zum Gegenstand eingehenderer Untersuchung gemacht, unter dem Titel: *Une inscription bilingue de Hammourabi, roi de Babylone. Du XVe au XXe siècle avant J. Chr.*.

3) Im Jahresbericht über die morgenländischen Studien im Jahre 1880, Leipzig 1883, S. 68. Für die von Hommel in den »Noten, Nachträgen« etc. zu seinen Vorsemitischen Kulturen S. 512 gewagte Verdächtigung brauche und finde ich kein Wort der Erwiderung.

über die nichtsemitische Sprache Babyloniens und deren Dialekte wesentlich geklärt und geändert haben.

Inmitten von 21 theils semitischen theils sumerisch-akkadischen Namen scheint mir ein vereinzelter Kossäername unmöglich — es bleibt nur übrig, den Namen Ḫammurabi entweder für semitisch-babylonisch oder für sumerisch zu halten. Der Name mag an sich, wie ich mit Bezug auf das S. 14 Gesagte abermals hervorhebe, recht wohl sumerisch sein und Ḫammurabi selbst dennoch Semit bleiben, auf welch Letzteres die Namen seines Urgrossvaters bis herab auf seinen Enkel zunächst hinweisen. Dass der Name *Ḫammurabi* in der That nicht semitisch sei, scheint daraus unzweifelhaft hervorzugehen, dass er ja in der Rassam'schen Königsliste (siehe oben S. 20) durch *Kim-ta ra-pa-aš-tum* übersetzt wird. Und dennoch glaube ich den Namen als semitisch beweisen zu können. Gelingt der Beweis, so würde der Verfasser der Königsliste den Namen, der unter den babylonischen Königen nicht fehlen sollte, lediglich der Gleichmässigkeit halber durch ein Synonym übersetzt haben, wie dies vielleicht auch bei *Ammi-diduga* der Fall ist (siehe S. 72 Anm. 6) und wie sich verwandte Fälle auch sonst in den lexikalischen Arbeiten der Babylonier und Assyrer nachweisen lassen[1]. Dass nun *rabi* »gross« sehr wohl durch *rapšu* (*rapaštu*) »weit, ausgedehnt, zahlreich« wiedergegeben werden konnte, bedarf keines Nachweises; dass aber *ḫammu* ein semitisches Wort ist, darauf führen schon die anderen Namensschreibungen *Ḫa-mu-ra-bi* (siehe Smith in *Transactions* I, p. 55) und, mit Mimation des ersten Namensbestandtheils, *Ḫa-am-mu-um-ra-bi* (IV R 36 No. 25). Warum nun nicht ein babylonisches *ḫammu* »Familie« annehmen, da noch dazu *ḫa-am-mu* in dem Vocabular II R 27 No. 2, 57 nicht allein als gutsemitisches Wort bezeugt, sondern noch dazu mit *a-la-pu-ú* אלף zu Einer Gruppe verbunden und unmittelbar von *ḳinnu* »Nest« (dann auch »Familie«) gefolgt ist? und da ausserdem der Stamm *ḫamâmu* in der Bed. »zusammenschliessen, zusammenfassen, zusammenbinden«, syn. *ḳaṣâru*, sich beweisen lässt[2]?

1) Vgl. z. B. V R 13, 20. 21 a. b.

2) Zur Bed. »ernten« (*êṣêdu* S^b 271; die Bed. »ernten« steht fest durch Stellen wie Asurn. II 117. III 32. 82, vgl. חמר?) kam das auch durch *ḫamâmu* übersetzte

Wie *kimtu* »Familie« ursprünglich den »Bund« bedeutet, von *kamû* »binden«, ebenso *ḫammu*. Der Name *Ḫammurabi* ist hiernach wirklich semitisch[1], gutsemitisch wie der andere babylonische Königsname *m ilu Sin-ra-bi*[2], und damit wäre auch der letzte Schein, als sei Ḫammurabi ein Kossäer, beseitigt.

Als Semit hat Ḫammurabi natürlich auch rein semitische Inschriften hinterlassen. Es mag mir gestattet sein, zum Schlusse dieser Abhandlung eine dieser ältesten semitischen Inschriften, die wir besitzen, hier mitzutheilen, nämlich die kleine jetzt im Louvre befindliche und vor wenigen Jahren von Ménant veröffentlichte[3], von welcher mir schon Jahre zuvor durch Vermittelung eines mit Bagdâd in Verbindung stehenden Leipziger Kaufmanns ein Papierabklatsch zugegangen war. Die mit sehr schönen und grossen altbabylonischen Schriftzeichen geschriebene Inschrift lautet:

Obv.	Rev.
A-na ilu Marduk	šar niši[1]
bê- li- im	Šú- mê- ri- im
ra- bi- im	u Ak-ka-di-im
na-di-in ḫêgalli[a]	šar ki-ib-ra-tim
a- na ili[b]	ar- ba- im

—

sumerische Wort *ur* nach derselben Bedeutungsentwickelung, welche in hebr. אֶפֶס vorliegt und welche ich auch für assyr. *kaṣâru*, hebr. קְצֵה־ annehme (siehe *Hebrew Language*, p. 53 f.). Die Bed. »Himmelsgegend, Sphäre«, welche das Nomen *ḫammâmu* an Stellen wie Sarg. Cyl. 9 aufweist, geht auf die Bed. »Seite« zurück und diese ist, wie so oft, als die »einschliessende« benannt. Auch Stellen wie II R 60 No. 2 Rev. 34. 64, 48 a. 57, 27 c. d zeigen *ḫamâmu* in ähnlicher Anwendung wie sonst *kaṣâru* sich gebraucht findet.

1) Dass *Ḫammurabi* semitisch sei, war von je her auch Ménants Ansicht; nur irrte er, wenn er meinte (*Une nouvelle inscription de Hammourabi*, Paris 1880, p. 9), der Name sei »*formé régulièrement comme tous les noms propres assyro-chaldéens du nom d'une divinité et d'un radical verbal*« — wir sind seitdem eines Besseren belehrt. Findet sich der Name Ḫammurabi mit dem Götterdeterminativ *ilu* eingeleitet (siehe *Transactions* I, p. 55), so erklärt sich dieses wie etwa vor dem Königsnamen Išmê-Dagân (I R 2 No. V).

2) Siehe Rassam'sche Königsliste col. III. Dass die Babylonier den *i*-Vokal im Nominativ lieben, ist bekannt.

3) *Une nouvelle inscription de Hammourabi, roi de Babylone* (XVIe *siècle avant J. Chr.*): *Recueil de travaux rel. à la philol. etc.* II, 76 ff. (Auch separat unter gleichem Titel erschienen, Paris 1880).

Obv.	Rev.
bê-êl ê-sag-ila	i[m]- nu ilu Bêl[h]
u ê- zi- da	mâta[l] û ni-ši ?
ê[c]- ni- šû	a-na bê-li-im
Ḫa-am-mu-ra-bi	id- di- nu- šum
na- bi- u	ṣi- ir- ra- zi- na[n]
[d] an- nim[e]	a- na ga- ti- šû
[f] mu	û- ma- al- li- u
[[g] ilu Bêl[h]	a-na ilu Marduk
mi-' gi[i]- ir	ili ba- ni- šû
ilu Šamaš	in Bar-zi-pa ki
rê'û na-ra-am	âli na-ra-mi-šû
ilu Marduk	ê- zi- da
šarru dannu[k]	parakka-šû êl-lam
	ib- ni- šum.

[a] geschrieben *ḫé-gal*, woraus *ḫêgalli* ein Lehnwort. [b] geschrieben *ni-ni*. [c] ideographisch  geschrieben. [d] fehlt wohl nichts. [e] Ménant: *celui qui proclame de dieu Anu*; aber *an nim* wird meines Wissens der Gott Anu niemals geschrieben. [f] Raum für Ein Zeichen, doch braucht keines gestanden zu haben. [g] fehlt wohl nichts. [h] geschrieben *ên kid*. [i] . [k] ideographisch *da lum* geschrieben. [l] Ideogramm *un*. [m] geschrieben, wie oft, mit dem Zeichen *ni* (Sᵃ I 13—15); vgl. I R 69 col. III 24. [n] = *ṣirrat-sina?*, vgl. I R 69 col. III 26. Oder steckt darin das oben S. 26 unerklärt gelassene Wort *zi-na*?

»Merodach, dem grossen Herrn, dem Spender von Ueberfluss, dem göttlichen Herrn Èsagilas und Èzidas, seinem Herrn — Ḫammurabi, der Gnadenverkünder, der Berufene (?) Bêls, der Verehrer Šamaš', der von Merodach geliebte Hirte, der mächtige König, der König des Volkes Šumêr und Akkad, der König der vier Weltgegenden: zur Zeit da Bêl Land und Leute zu beherrschen ihm verlieh, mit ihrem (?) Scepter ihn belehnte, hat er Merodach, dem Gotte der ihn geschaffen, in Borsippa, seiner Lieblingsstadt, sein glänzendes Heiligthum Èzida gebaut«.

Dass der Verfasser der »Rassam'schen Königsliste« die Reihe der nachsintfluthlichen Könige Babylons mit Fug und Recht mit Ḫammurabi beginnen konnte, diesem ebenso kriegstüchtigen als für die Wohlfahrt seines Landes väterlich besorgten, wahrhaft grossen Herrscher, wurde bereits S. 22 bemerkt. Ammididuga verdankt seine zweite Stelle vielleicht nur seinem Namen, der ähnliches bedeutet wie der seines Urgrossvaters. Unmittelbar nach ihnen aber wusste — und dies ist bezeichnend — der Verfasser keinen anderen zu nennen als, viele Jahrhunderte überspringend, den »König ohne Gleichen«,

Kurgalzu den **Kossäer.**

www.ingramcontent.com/pod-product-compliance
Lightning Source LLC
Chambersburg PA
CBHW020314090426
42735CB00009B/1334